# 新しい道徳

## 「いいことをすると気持ちがいい」のはなぜか

北野 武

幻冬舎文庫

# 新しい道徳

「いいことをすると気持ちがいい」のはなぜか

道徳は便宜の異名である。
「左側通行」と似たものである。

道徳の与えたる恩恵は時間と労力との節約である。
道徳の与える損害は完全なる良心の麻痺である。

良心は道徳を造るかも知れぬ。
しかし道徳は未だ嘗《かつ》て、
良心の良の字も造ったことはない。

――芥川龍之介『侏儒の言葉』より

構成協力
◉
石川拓治

協力
◉
オフィス北野

参考図書
◉
『わたしたちの道徳 小学校一・二年』
文部科学省（文渓堂・二〇一四）

# 目次

# はじめに

まず、最初にお願いしておきたい。

他人のいったこと、他人の書いたこと、あるいは他人の考えたことを、そのまんま鵜《う》呑《の》みにする性癖のある読者は、ここですぐさま本をパタンと閉じて棄《す》ててしまっていただきたい。

あるいは、どこかの川かなんかの名前のついた外国の本屋にでも売り飛ばせば、少しは金になるかもしれない。その方が、絶対にためになる。

これから先は、読んではいけない。

覗《のぞ》いてもいけない。

大変な目にあうから、やめておいた方がいい。

万が一、この忠告に従わず、その結果いかなる不利益をこうむろうとも、俺は知らない。

それだけは、最初にいっておく。

これから書くのは、あくまでも俺の考えだ。

俺がこう思うというだけのことで、その考えを誰かに押しつけるつもりはまったくない。

なるほどと思う人間もいるし、思わない人間もいるだろう。

腹が立つかもしれないが、それは読者の自由だ。好きに腹を立ててもらいたい。

腹が立って、誰かにそれを話したくなって、話すだけじゃ飽き足りなくて、ネットにじゃんじゃん悪口を書き散らすのも大歓迎だ。

かえって宣伝になって、売れるから。

べつに誰かを怒らせたくて、書いたわけではないけれど。

誰かに同調してほしくて書いたわけでもない。

なんだかおかしいなあと思うから書いただけだ。

道徳の話だ。

書いたら本にしてやるし、印税もたっぷりとはいかないがちょっとくらいならやるという、奇特な編集者がいたので本にした。

こういう馬鹿なことをいう奴もいるのだと、笑い飛ばしながら読んでいただけるなら、著者として、これ以上の幸いはない。

……さて、これくらいでいいかい、前置きは。

あ、そうだ、忘れてた。

時間のないせっかちな読者のために、最初に結論を書いておく。

結局、いいたいことはひとつなんだから。

「道徳がどうのこうのという人間は、信用しちゃいけない」

# 第一章　道徳はツッコみ放題

# 01

# 道徳の教材をパラパラとめくっただけで、あっちにもこっちにもツッコミを入れたくなる。

数学にツッコむのは難しい。

先生が黒板にそう書いたら、はいそうですかと黙ってうなずく他はない。

『1＋1＝2』

なにしろ、反論する余地がない。

数学はピタゴラスの時代から、インカ帝国の巨石文明のように、論理と論理をきっちり組み合わせて進歩してきた。馬鹿でいい加減なことばかりいって世の中を引っ掻《か》き回すプロフェッショナルの芸人といえども、ツッコミを入れるのは至難の業《わざ》だ。

わざわざツッコミを入れた奴が、バカに見える。

石の壁に、自分で頭をぶつけるようなものだ。本気でやると頭が割れる。

どこか一カ所くらいツッコむポイントはないものかと、長いこと数学の野次馬みたいなこともしてきたけれど、その片鱗《へんりん》も見つからない。少なくとも、今のところは。

隙間に剃刀《かみそり》の刃一枚すら差し込めないインカ帝国の石組みも顔負けの、緻密《ちみつ》な論理の積み重ねに「さすがだなあ」とあんぐり口を開けるばかりだ。

数学は美しい。美しい女性よりも、美しい。

そういう意味で、道徳は数学の対極にある。

なにしろ、ツッコミどころが満載だ。

小学校や中学校で使っている道徳の教材をパラパラとめくっただけで、あっちにもこっちにもツッコミを入れたくなる。嘘だと思ったら、試しにやってみるといい。ツッコミどころがいくらでもあるということは、それだけ議論の余地があるということでもある。1＋1＝2の数学とは、わけが違う。いくらでも異論が立てられる。その異論の数だけ、道徳の教科書の中身だって、いろいろあってもいいんじゃないかと思う。

ところが、道徳教育の内容は、文部科学省の学習指導要領で全国一律に決まっているらしい。

たとえばの話、昔の日本の価値観では、妻は夫を立てることになっていた。夫婦が歩くとき、荷物を持った妻が、ふんぞり返って懐手《ふところで》で歩く夫のあとをついていく姿は珍しくなかった。電車の席がひとつしか空いていないとき、夫が座り、妻が立っているという光景を見ても、誰も不思議と思わなかった。男は女よりも偉くて、偉い人は立てなきゃいけないというのが、昔の日本人の価値観だったからだ。昔といっても、それほど昔の話じゃない。

現在はどうだろう。そういう男もきっといるだろうが、良い見本とはされないはずだ。女は男の後ろを歩くべきだなんてネットで発言したら、炎上するに違いない。道徳なんて、ほんの少し時間が過ぎただけで、あっさり変わるのだ。そんなにあっさり変わるものを、簡単に「これが道徳だ」なんて決めつけていいわけがない。だいたい、いつ誰がどうやって決めたのかもよくわからない。

世界が狭くなって、戦争や紛争があちこちで起きている。それは結局のところ、価値観のぶつかりあいだ。

ひとつの国がひとつの価値観でまとまっていたら、違う価値観は叩き壊さなきゃいけなくなる。独裁国家というのは、つまり独裁者一人の価値観で国中を染めるということだ。

いろんな価値観があった方がいいのだ。価値観がいろいろあれば、道徳だっていろいろあることになる。道徳というのは、価値観の上に乗っかっているものなのだ。

価値観がたくさんあった方がいいといっても、人間を殺して喰うのはいいことだって価値観の奴がいたらどうするんだという人もいるかもしれない。

いたって問題ないだろう、と俺は思う。

価値観は心の中のものだ。そこにしまっておく限り、誰にも迷惑はかけない。

人間は妄想の生きものだから、いろんな考えが心に浮かぶのはどうしようもない。

俺だって昔、漫才のネタを考えていた頃は、とんでもない妄想がいっぱい浮かんだ。妄想は飯のタネみたいなものだ。浮かんでくるものを、押し潰すことなんてできない。それを喋《しゃべ》って、笑って、ガス抜きすればいい。文学なんてものも、半分はそういう妄想の産物だろう。映画だってそうだ。

実際にそれをやっちゃったらどうするんだって、心配性はいうかもしれないけれど、そういうときのために法律がある。もともとこの世にはさまざまな価値観の人間がいて、好き勝手にやらせたら世の中がうまくまとまらないから、人間は法律を作ったわけだ。

その法律を押しつけているんだから、それで十分だ。

人の頭の中にまで手を突っ込むようなことをしてはいけない。

なんの議論もなしに、「これが道徳です」と、数学の真理と同じ調子で、子どもたちに教えるのは間違いなのだ。それはひとつの価値観、あるいは思想を、子どもたちの脳みそに刷り込むということだ。

ひとつの価値観で固まった社会はもろい。背筋がどんなにピンと伸びていても、その背筋がカチカチだったら、何かの拍子にポキンと折れるに決まっている。

折れないように、背骨を揺り動かしたり、力を抜いて柔らかくしてやるのが、いうなれば、俺たち芸人の社会的役割なんだろうと思う。社会的役割なんて堅い言葉は、あまり使いたくないけれど。

本音は、ツッコミどころがあるから、ツッコむというだけのことだ。

王様が裸なのは見ればわかるのに、誰もそれをいわないから、王様は裸だとツッコむ。
それが、芸人の仕事だ。
そういう言い訳でもしなければ、ツッコみにくくなっているのが今の世の中ではある。
気持ち悪いったらない。

# 02

## 人生がこれから始まるっていう子どもに、自分を見つめさせて、なんの意味があるのか。

たとえば、小学一・二年生の道徳の教材。最初の話題からして変だ。「自分を見つめて」なんて書いてある。小学一年生が、自分を見つめるわけないだろう。他人だって見つめないのに。

自分を見つめて、「自分はこういう人間です」なんて小学一年生がいい出したら、これはどう考えたって不自然だ。子ども時代に必要なのは、自分を見つめるなんてことより、自分の好き勝手に遊ぶことだ。

虫だのカエルだのを追いかけ回したり、野球やプロレスごっこをしながら、子どもはいろんなことを学ぶ。

なのに、学校だけじゃ飽き足りず、夜遅くまで学習塾に通わせて、そういう大事な時間を子どもから奪ったあげくに、「自分を見つめなさい」なんていっているわけだ。

何をして遊ぶのが好きだとか、食べ物は何が好きだとかを子どもに書かせて、それが自分らしさだなんて教えている。

「いちばんうれしかったことを書きなさい」っていうのもあって、笑ってしまった。小学一年生に、いちばんうれしかったこともないだろう。そういうのは歳《とし》をとって、昔をふり返って、「ああ、あの頃がいちばんいい時代だったな」と思い出すものだ。ダンゴムシだの地蜘蛛《じぐも》だのの一匹でも、物珍しくて一日中追いかけ回しているような時期なのだ。毎日のように目新しいもの、未知の何かに出会って、好奇心を燃やしている子どもに、過去をふり返らせていったいどうしようっていうんだろう。

いやそれは、子どもに限った話じゃない。映画監督の黒澤明さんが「あなたの最高傑作は？」と質問されて、「次の作品だ」と答えたっていう有名な話があるけれど、昔をふり返って過去の栄光にひたるのは、要するに年寄りの発想なのだ。そういう発想をする奴が道徳の教科書を書いているわけだ。

だいたい、女の子のスカートめくりをしてるのがいちばん楽しいとか、学校の帰りに万引きした駄菓子がいちばん美味しかったとか、そう書いたとしても、それが自分らしさだから大事にしろとでもいうんだろうか。大人になったら誰にも邪魔されずに一日中思う存分ゲームをするのが将来の夢だと書いても、先生は頭をなでてくれるんだろうか。

そんなわけないのは子どもでもわかるから、当たり障《さわ》りのないことを書く。お年寄りに席を譲ったら感謝されたのがいちばんうれしかった、とかなんとか。嘘をつくなといいながら、嘘をつけと強制しているようなものだ。

自分の好きな食べ物を書かせておいて、「食事は好き嫌いなく食べましょう」と教える。

自分らしさとやらを大事にするなら、たとえば「自分は一生野菜は喰わない」っていうのが、自分らしさじゃないのか。勉強は数学しかやらないとか、他の授業は全部サボるとか。

現実の世の中では、そういう奴が案外成功したりするものなんだけど。ところが学校の先生たちは、野菜も食べなきゃダメだとか、国語もしっかりやりなさい、とかいう。子どもを、平均的なつまらない人間にしようとする。

自分を見つめろっていうのも同じ話だ。

子どもを囚人か何かと勘違いしているんじゃないか。罪を犯した人間に、自分を見つめろというなら話はわかる。白い画用紙みたいな、人生がこれから始まるっていう子どもに、自分を見つめろだなんて、どういう人間がそういうことを思いつくんだろう。

自分を見つめなきゃいけないのは、お前の方だといってやりたい。

子どもに道徳を語る前に、自分の胸に手を当てて、はたして自分は子どもたちに道徳を語る資格があるのかどうか、よく考えてみた方がいい。

# 03

## まるでクスリの効能書きみたいに、「いいことをしたら気持ちいいぞ」って書いてある。

道徳の言葉は、なんだかとても薄っぺらい。どのくらい薄いかというと、「トイレを綺麗《きれい》に使いましょう」と書かれた貼り紙くらい薄っぺらい。

もちろん、トイレは綺麗に使った方がいいとは思う。俺は汚いトイレを見ると、掃除をせずにはいられない。飲み屋でトイレに入って、前の人が粗相していたりすると、つい掃除をしてしまうのは昔からの癖みたいなものだ。今までいったい何遍《なんべん》、見ず知らずの他人が汚したトイレを掃除したことか。

だけどそれは「トイレを綺麗に使いましょう」という貼り紙を見て、そりゃそうだよなあと納得してやっているわけではない。そこが、根本的に違う。「親を殺してはいけません」「お金を盗んではいけません」「レイプはしないようにしましょう」というのと同じだ。

「嘘をついてはいけません。正直に生きなさい」

　これは、道徳の定番フレーズだ。なんだか表面的なことしか書いていないわりに、けっこう矛盾したことをいっている。

　道徳の教材に、こんなイラストがあった。電車の席に座った子どもが嫌そうな顔をしている。隣の大人は眠ったふりをしている。目の前に年寄りが立っているからだ。大人も子どもも、席を譲りたくないんだろう。

　さらに、そのイラストには、こういう問いが付けられていた。

「こういうときは、どうすればいいか、みんなで考えましょう」

　一応、みんなで考えて答えを出すことになっているわけだが、正しい答えはもちろんはじめから決まっている。「席を譲らなくてもすむように隣の大人と同じように眠っているふりをする」という答えに、まさか先生がマルをくれるはずはない。

「どうぞ」といって年寄りに席を譲るっていうのが、正解なのだろう。

　……これは、嘘じゃないのか？　嫌そうな顔をしているのは、席を譲りたくないからだろう。その気持ちには正直じゃなくていいんだろうか。

　ほんとうは座っていたいのに、年寄りには喜んで席を譲るふりをする。

これは子どもに嘘をつけといってるのと同じことだろう。

それで、いいことをすると気持ちがいいよ、なんて書いてある。気持ちいいときもあるかもしれないが、辛《つら》くて苦しくてどうしようもないときだってあるんじゃないの、子どもにだって。毎晩遅くまで塾に通わされて、へとへとに疲れ切った子どももいるはずだ。それでも、高尾山かなんか登山して元気に帰ってきた年寄りにも、ニコニコ顔で席を譲れというんだろうか。それで気持ちが良くなるわけがない。

俺が子どもの頃は、年寄りに席を譲るのが当たり前だと教えられた。年寄りが立っていて、子どもが座っていたら、生意気だってひっぱたかれたものだ。

優先席なんて、あの頃は必要なかった。本来、電車の席は、全部が優先席だ。前に年寄りが来たら、子どもは有無をいわずに立つ。そこに理由なんて必要ない。ところが、今の道徳では、年寄りに席を譲るのは、「気持ちいいから」なんだそうだ。

席を譲るのは、気持ちがいいという対価を受け取るためなのか。だとしたら、席を譲って気持ち良くないなら、席なんか譲らなくていいという理屈になる。

年寄りに席を譲るのは、人としてのマナーの問題だ。美意識の問題といってもいい。

マナーにわざわざ小理屈をつけて、気持ちいいから譲りなさいなんていうのは、大人の欺瞞《ぎまん》以外の何ものでもない。

だいたい、隣のおやじが寝たふりをしているのが、そもそも駄目じゃないか。大人が率先して席を譲って、子どもにこれがマナーだよって教えてやらなくてはいけない。

それを真似して席を譲って、辛そうに立っていた年寄りに「ありがとう」といわれて、それで「ああ、なんだかいい気分になった」というのが順序だろう。

だけど、そのいい気持ちになったというのは、道徳の教科書に書いて、子どもに教え込むことではない。手品のタネを明かしてしまうのと同じだ。面白くもなんともない。

誰かに親切にして、いい気持ちになるっていうのは、自分で発見してはじめて意味がある。

それをクスリの効能書きかなんかのように、いいことをしたら気持ちいいぞ、気持ちいいぞ、って書いてあるのが道徳の教科書だ。薄っぺらいにもほどがある。

まるで、インチキ臭い洗脳だ。

洗脳される子どももいるかもしれないけれど、そういう奴はどうせロクな大人にはならない。妙に素直な分、気の毒ですらある。どこかの新興宗教に洗脳されて、わけのわからない仏像だとか壺だとかを売り歩くようになるんじゃないか。

# 04

# なぜ老人を大切にしなきゃいけないか。いちばん大事なことが何も語られていない。

道徳の教科書には、やたらと老人とゴミが登場する。

年寄りに席を譲る。年寄りの荷物を持ってやる。年寄りの道案内をする。道に落ちているゴミを拾う。ゴミを分別して出す。誰かが道にゴミを捨てたら注意する……。

何かっていうと、老人とゴミだ。

一日一善じゃないが、老人とゴミは、子どもに何かいいことをしろっていうときの定番だ。いいことってのは、老人への手助けとゴミ拾いしかないのかって思うくらい。

老人とゴミは同じなのか？　これでは、老人は社会の邪魔者だと思う子どもが増えても仕方がない。

教科書の中の老人は、なんだか情けをかけられているようにしか見えない。老人は小学生にも情けをかけられなくては生きられない存在、社会的弱者だといっているのと同じだ。

まず第一に、なぜ老人を大切にしなきゃいけないか。そのいちばん大事なことが何も語られていない。

年寄りは昔からずっと年寄りだったわけじゃない。何十年も働いて、税金を納めてきた人たちがいるから今の日本がある。電車に乗れるのだって、スマホでゲームができるのだって、つまり年寄りたちがこれまで働いてくれたおかげなのだ。

そういう基本的なことを話さないのは、そもそも今の大人たちがそれを忘れてるってことかもしれない。なにしろ年寄りのせいで改革が進まないなんて、馬鹿なことをいう大人が山ほどいる世の中なのだ。もらうものはいくらでも平気でもらっておいて、感謝の気持ちなんかこれっぽっちも抱いていないからそういうことをいうんだろう。

そんな大人が、「年寄りを大切にしなさい」なんて教えても、子どもに伝わるわけがない。自分が大切にしていないんだから。

だけど、そんな自分で思ってもいない建前ばかり語っていると、いつかきっととんでもないことになる。

年寄りと一口にいっても、いろんな年寄りがいるのはわかり切ったことだ。

教科書の前提じゃ、年寄りはみんな善人ということになっているけれど、日本の刑務所に、どれくらいの数の年寄りが入っているのかわかっているのだろうか。

「そう遠くない将来、刑務所は老人ホームになる」なんていう人もいるくらいなのに。

泥棒もいれば、人殺しもいる。幼女誘拐犯だっているはずだ。

重い荷物を持っているじいさんに声をかけて、家まで運んでやった子どもが、そのまま家の中に連れ込まれたとして、先生は子どもになんと教えるのだろうか。

# 05

# 『元気なおじいさん』

元気なおじいさんが、小学校に遊びに来ました。

「あ、おじいさんが来た。席を譲らなくちゃ」

優等生の芽以ちゃんがいいました。

「おじいさん、どうぞ私の席にお座りください」

翔君もいいました。

「おじいさん、次は僕の席に座ってください」

愛理ちゃんも、紫音君も、優舞ちゃんも、颯麻君もいいました。

「その次は私の」「その次は僕の」「その次の次の次は……」

元気なおじいさんは、結局クラス全員の椅子に座らなければなりませんでした。

おじいさんがいいました。

「座ってばかりいて腰が痛くなった」

芽以ちゃんがいいました。

「それじゃあ、私の机の上に横になってください」

それを聞いて、クラスの全員が手を挙げていいました。

「僕の机にも！」「私の机にも！」「僕の机にも！」

ちょっと腰が痛くなったおじいさんは、またもやクラス全員の机に横にならなければなりませんでした。

おじいさんがいいました。

「寝てばかりいて背中まで痛くなった」

芽以ちゃんがいいました。

「柔らかいふとんを用意しました。このふとんに寝てください。私がお世話をします」

それを聞いて、クラスの全員がまた手を挙げました。

「僕もお世話します！」「私も！」「僕も！」

腰と背中が痛いおじいさんは、ふかふかのおふとんに寝てクラス全員からお世話を受けることになりました。

おじいさんがいいました。

「ああ極楽、極楽」

一週間もしないうちに、元気だったおじいさんは寝たきりのおじいさんになってしまいましたとさ。めでたしめでたし。

# 06

# どうして道徳の教科書には、猿だの熊だの動物がやたらと出てくるのか？

道徳の教材には、やたらと動物が登場する。

猿の子ども同士が「おはよう」なんてあいさつしている。

子どもが動物の絵やぬいぐるみを好きなのはわかるが、だからといってコオロギだのタヌキだのに道徳を語らせちゃいけない。

道徳は、人間のものだろう。

動物を擬人化したのは、日本では鳥獣戯画あたりが最初だろうが、あれは人間の滑稽さを、動物に仮託して描いた大人のための絵巻物だ。イソップ物語だってそうだ。狐と狸の化かし合いは、実は人間世界の風刺だとわかった大人が見てはじめて意味がある。

子ども向けの童話だのファンタジーだのに動物を登場させることを否定しているわけじゃない。夢物語はどんどん子どもに話して聞かせたらいい。

だけど、そういう手法を子どもの道徳教育に使うのは、大きな間違いだ。ファンタジーに善悪の話をこっそり盛り込んで、なんらかの教育効果を狙ってはいけない。だいたい面白くもなんともない。

学校の先生は、「お猿さんもあいさつしているから、みんなもちゃんとあいさつしましょうね」なんて教えているんだろうか。

熊も猿もあいさつなんてしない。動物には人間の道徳なんて何も関係ない。犬は道端にウンコしたっていいのだ。動物の真似をしろっていうなら、子どもが道端にウンコしても叱っちゃいけない。電信柱に片足上げておしっこをひっかけても、笑って見てなきゃいけなくなる。

動物はそれでいいけれど、人間はそういうことをしちゃいけないんだよって教えるのが道徳じゃないのか。

子どもはきっと聞くだろう。

「どうして犬はいいのに、人間は駄目なの？」

そういうところから、道徳教育は始まるのではないかと思うのだが。

どうして人間には道徳が必要なのか。

なぜ人は道徳を守らなければいけないのか。

どうしても道徳教育をやりたいっていうなら、まずそういうことを子どもたちに考えさせなきゃいけない。

いや、待てよ。はたして学校の先生は、その問題に筋の通った答えを出せるのだろうか。

なぜ人間には道徳が必要なのか。

なるほどと、子どもが心から納得するような説明のできる教師が、この日本にいったい何人くらいいるだろう。

まさか、それがよくわからないから、動物の話にしてお茶を濁しているんじゃあるまいか。

道徳の教材に出てくる動物たちは、可愛い森だのお花畑みたいなところに住んでいるけれど、ほんとうの動物は、動物園や牧場や養鶏場にいる。

ニワトリは狭いケージに押し込められて、ひたすらタマゴを産まされて、そのタマゴは人間に食べられてしまう。乳牛は産んだ仔牛と引き離されて、毎日乳を搾《しぼ》られて、乳が出なくなったら殺されて、やっぱり人間に食べられちゃう。動物園にいる熊も猿も、一生檻《おり》から出られない。万が一、勝手に出てしまったら、射殺されるのがオチだ。

「動物たちはかわいそうです」って、ほんとうのことが書いてある道徳の教科書ってのはないのか。

# 07

## 檻の中の犬や猫をかわいそうに思って、ペットショップに忍び込んで全部逃がすのは、いいことか？

「どのようなときに、『生きている』ことをかんじますか」

これも小学一・二年生の道徳の教材に書いてあった言葉だ。

答えの例が、またすごい。

「心ぞうがどきどきする」
「気持ちよくおきる」
「楽しく勉強する」
「手があたたかい」
「おいしく食べる」
「楽しくうんどうする」

小学生が、自分の胸に手を当てて「ああ、僕って生きてるなあ」なんて考えるのだろうか。ましてや、勉強しているときだの体育の授業をやってるときだのに、そんなことをいちいち意識するだろうか。

大人だって、自分が「生きている」なんて感じながら仕事をしたり飯を喰ったりはしない。それとも学校の先生は、「ああ俺は生きてるんだなあ」なんて思いながら、算数だの国語だのの授業をやっているのだろうか。

そういうことを感じるのは、病気で入院してようやく退院するときとか、海で溺《おぼ》れかけたときとか、要するに、死を意識したときでしかないはずだ。そういう意味では、他人の葬式も「自分は生きてる」って感じる数少ない場面かもしれない。

どのようなときに生きていることを感じますかって聞かれて、「誰かの葬式に出たとき」なんて答えたら先生に怒られるだろうけど。

交通事故にあって、病院で目が覚めたときは、誰だって自分は生きていると感じる。砂漠をさまよって命からがら辿り着いた泉で、何日かぶりに水を飲んでいるときは、どんな人間でも生きていると感じる。たとえそれが泥水だとしてもだ。

死との比較があって、はじめて生きているという感覚が生まれる。

死の概念も朧気《おぼろげ》にしかない子どもに、どんなときに生きてるって感じますかなんて質問をするのは無茶だ。まして「楽しく勉強してるとき」だの「おいしく食べてるとき」だのに、生きてるって感じるんだよなんて答えまで用意して、「生きてる」という感覚を強制しているわけだ。

いったいなんのためにそんなことをするのかわからない。

むりやり感じさせる「生きてる」感覚とやらに、どんな意味があるというのだろう。

子どもに「生きてる」感覚を教えて、生きものを大切にする心の育成に結びつけるためだと、道徳の教材を作った人はいうかもしれない。

「どんなときに『生きている』ことをかんじますか」という章のあとには、「生きものをたいせつに」という章が続いていた。

そして、またもや質問だ。今度は「どんな気持ちで生きものを育てましたか」と。

これも答えは決まっているようなものだ。

「うちは牧場をやってます。生きものを育てるのは、お金になるからです」

そういう答えは、誰も求めていない。結局、生きものに優しい気持ちを持ちなさいと子どもに強制しているわけだ。

子どもにこう感じなさいとか、こう思いなさいとか、無理強いするのが道徳教育だとすると、それはいくらなんでも危ういと思わないか。

だいたい、もしそれで今までトンボの羽根をむしって遊んでいたような子どもが改心して、檻の中に入れられている犬や猫がかわいそうだっていうんで、ペットショップに忍び込んで全部逃がしちゃったりしても、「いいことをしました」って学校の先生は褒めるのだろうか。

命の大切さを知る。生きものに優しい気持ちで接する。

そう言葉にすれば、何も悪いことはない。子どもにいいことを教えているような気持ちになるのかもしれない。

だけど、どんなときに「生きている」と感じますかと質問されて、心の中では別にそんなこと感じたことないんだけどなあと思いながらも、「気持ち良く早起きできたときです」とか「好物のカレーライスを食べてるときです」なんて優等生的な答えをすらすらと口にする、計算高い子どもを増やしているだけのことじゃないか。

# 08

# 『ぼくらはみんな生きている』

ぼくらはみんな生きている。
生きているから食べるんだ。
生きているからウンコする。

ニワトリだって
和牛だって
みんな生きているんだ、
食糧なんだ。

# 09

## 南北問題にしても、結局は誰かが儲けりゃ誰かが損するという話を、地球規模でやってるだけの話だ。

宗教用語に現世利益という言葉がある。

商売繁盛だの家内安全だの、この世の利益をかなえてくれる神様がいるらしい。

家内安全はまあいいとして、宗教が商売繁盛をかなえちゃいけないんじゃないか。

というのも、誰かの商売が繁盛すれば、他の誰かが損をすることになるからだ。

商売っていうものは、何かを生み出すわけではない。１００円のものを１２０円で売って20円儲ける。その20円は他の誰かが出す金だ。つまり誰かが20円儲かるってことは、どこかで誰かが必ず20円損しているということになる。

仮に日本中の人間がその神様にお参りしたら、いったいどうなるんだろう。商売繁盛の話は必ずどこかで破綻する。全員に儲けさせることは、どう考えたってできないからだ。

儲けるというのは、誰かが誰かの甘い汁を吸うことで、商売繁盛とはつまり、富を偏在させて、金持ちと貧乏人を作るってことだ。

全員が金持ちなんて国は、どこを探したってない。

もし仮にあるとすれば、その国はどこか余所《よそ》の国の人間を貧乏人にしているはずだ。無《む》から金は生まれないのだ。

もちろん世の中はそうやって回っているわけだから、俺は商売そのものを否定するつもりはない。だけど、少なくとも救いとなるべき宗教が、商売繁盛をうたい文句にしてはダメだろうというのはそういう理由だ。

道徳の教科書にも同じことがいえる。

子どもたちに、正直に生きろとか、世界中のみんなと仲良くしようなんて、真面目くさって教えることにどれだけの意味があるのか。子どもはいつかそういう夢みたいな話が通用しない現実の社会に出ていかなくてはならないのだ。

正直に生きるとか、みんなと仲良くするってことを突き詰めたら、どうしたって商売とか経済活動を否定しなきゃいけなくなる。子どもたちに、共産革命でも起こさせようっていうなら話は別だけれど、そうじゃないなら、子どもに正直だのなんだのを金科玉条《きんかぎょくじょう》みたいに教え込むのはやめた方がいい。

まして今の世の中は、それを世界中がグルになってやっているわけだ。

南北問題にしても、結局は誰かが儲けりゃ誰かが損するという話を、地球規模でやっているだけの話だ。日本みたいな国が金持ちでいられるのは、貧乏な国がたくさんあるおかげなんだってことを、いつかは子どもたちに教えなくてはいけない。

人件費が日本の何分の一っていう国があるから、日本の経済は成り立っている。

俺たちが豊かな暮らしを享受しているのは、どこかの国の貧困のおかげだ。

その貧乏な国を豊かにするためには、日本はある程度、自分たちの豊かさを犠牲にしなきゃいけないわけだ。

そういうことを、学校の先生は子どもたちに話しているのだろうか。

話している先生もいるかもしれないが、少なくともこの国では、そういう先生はあんまり出世しないだろうなあとも思う。

そんな状況で、子どもに道徳を教えるってこと自体がそもそも偽善だ。

嘘ばかりついている人間ほど、子どもに嘘をつくなと教えたがるものだ。

# 10

## なぜ本を読みながら歩いていた二宮金次郎は銅像になって、スマホを片手に歩いている女子高生は目の敵にされるのか。

道徳の教科書には偉い人の話がたくさん出てくるけれど、本気で感心したことがない。

二宮金次郎は、薪《まき》を背負って歩きながら本を読んだから偉いのか。スマホでメールしながら歩いたら怒られるっていうのに。

誰かにぶつかって危ないのは同じだと思うのだが、なぜ本を読みながら歩いていた二宮金次郎は銅像になって、スマホ片手に歩いている女子高生は目の敵《かたき》にされるんだろう。

道徳の教科書に出てくる偉人たちの話は、どうも心に響かない。

俺がひねくれているからか……。でも、それ以前になんだか空々しい。

二宮金次郎がどんな人間だったかが、道徳の教科書からはちっとも伝わってこない。家が貧乏だったとか、学問をするために菜種を育てて油と取り替えてもらったとか、エピソードがいくつか書いてあるけれど、まったく心に響かない。

もしかしたら、道徳の教科書を書いている人が、そもそも二宮金次郎にあまり関心がないのではないか。こういっちゃ悪いが、文章に熱がない。二宮金次郎のことを、子どもたちに知らせたいという気持ちが感じられない。

道徳の教科書だし、文章の量だって限られているし、いろいろ制約もあるんだろう。仕方がないといえば仕方がないんだろうけれど、それでは何も伝わらない。

結局のところ、こういう類いのことは、人から人へ伝えなくてはいけないのだ。

そして、人に何かを伝え理解させるのに必要なのは、巧妙な話術でも、甘いお菓子でもなくて、伝える側の本気度だ。

好きな小説のあらすじを上手に説明されなくたって、「この本、ものすごく面白いぞ」っていう本気の一言で、ちょっと読んでみようかなって気になるものだ。

道徳の授業が退屈で、あまりためにならないのは、つまり教える大人の側がそもそも二宮金次郎に関心がないからじゃないのか。

いや別に、二宮金次郎がいいとか悪いとかいう話をしたいわけじゃない。金次郎のことをいうのは、道徳教育の象徴みたいなものだからだ。

道徳っていうのは、つまり誰が、どんな気持ちで話すかが重要なのだと俺は思う。

昔、俺の母親は、いろんなことを俺にいった。

たとえば、行列に並んでまで食い物を喰うのは卑しいとか。

なぜそうなのかなんて理屈は、あんまりいわなかった。それでも、その母親の一言のおかげで、俺は行列に並べない大人になった。

だから今でも、ラーメン屋に行列ができて、2時間も並ばなきゃ喰えないなんて話を聞くと、「馬鹿じゃねえのか」なんて口ではいっているけれど、本心をいえば、そんなに並んでまでみんなが食べたいっていうなら、俺もちょっと食べてみたいと思わないでもない。それだけ評判なら旨《うま》いに決まっているじゃないか。

それでも、やせ我慢して行列には並ばない。誰かに頼めば、もしかしたら並ばなくても喰わしてもらえるかもしれないが、そういうこともなんだかみっともない気がしてやらない。

それが、いいことかどうかはわからない。ただ、母親の「行列に並んでまでモノを喰うな」という〝道徳〟は、しっかり俺という人間に染み込んでいる。

どうして染み込んだかといえば、母親が心の底からそれを軽蔑していたからだろう。そして、自分の子どもにはそういう人間になってほしくないと願った。そして、本気でそれを俺に語ったからこそ、子どもの俺の心に「行列に並ぶな」って言葉が刻み込まれた。

母親が心にもないことをいっていたのだったら、きっと俺はさっさと行列に並ぶ人間になっていたはずだ。

大人が心にもないことをいっている限り、子どもには伝わらない。道徳っていうのは、そういうものだと思う。他の教科のように、理屈で教えられるものではない。

道徳の時間は、本音で話さなければ、教える教師にとっても、子どもにとっても退屈で無駄な時間でしかない。

# 11

## 本職の大工が組み立て、ペンキ職人の親父がニスを塗った本立ては、あまりにも良くできすぎていた。

小学生だった頃、ウチの親父と近所の大工が本立てを作ってくれたことがある。

夏休みの宿題の手伝いだ。

その前の年は、そこら辺で捕った蠅《はえ》だの虻《あぶ》だのをカステラの箱に貼って、「昆虫採集です」って出したら、先生に「こんな汚いもの持ってくるな」と怒られた。

それじゃいくらなんでもしょうがないというんで、親父とその大工が本立てを作ってくれた。俺があまりにもいい加減だったから、見るに見かねたんだろう。

だけどさすがに本職の大工が組み立てて、ペンキ職人の親父が丁寧にニスを塗った本立ては、あまりにも完成度が高すぎた。

「こんなもの、お前に作れるわけがない」って、また先生に怒られた。

いい加減に作れば、先生にも見抜けなかったはずなのに。

やっぱりあの頃は、親父たちが学校や学校の先生というものに、今よりも敬意を払っていたのだろう。小学校の夏休みの宿題とはいえ、学校にいい加減なものを持っていかせるわけにはいかないって気持ちが、たしかにあったと思う。

昔は街の大人たちが、教師を尊敬していた。

無学な大人たちにとっては、大学出というだけで尊敬に値したのだ。

自分の家の子どもが先生に頭をひっぱたかれれば、親は学校にごめんなさいと謝りに行ったものだ。悪いのは自分の子どもに決まっている。たいていの親がそう思っていた。

大学出の先生のいうことに、間違いなんてあるわけがない。「先生のいうことをちゃんと聞くんだよ」っていうのが、子どもを学校に送り出すときの親の決まり文句だった。

だから、道徳を教えるのだって、昔の教師は楽だったに違いない。

今がそういう時代ではなくなっていることはいうまでもないけれど、教師の側には、今もそういう昔の感覚が残っているんじゃないかと思う。

教師にしてみれば、教師が間違わないのは、教科書のおかげだ。教科書に間違ったことが書いてあるわけがない。そう信じているんじゃないか。最近は教科書問題とか、いろいろ騒がれるようになったから、完全にそうだとはいい切れないけれど。お節介だとは思うけれど、子どもに何かを教えるときは、その前に一度は自分の心で教科書を読んで、そこに書いてあることがほんとうに正しいかどうか考えてみた方がいい。

教科書の内容をそのまま子どもに伝えるのが教師の仕事だっていうなら、近い将来に教師なんていらなくなるだろう。そんなことはパソコンでもロボットでも十分にできることだ。

世の中が変わったといっても、すべての親が教師を尊敬しなくなったわけじゃない。

今だって、ウチの親父のように、学校の先生をひたすら尊敬している親だってきっといる。

道徳の教材について、俺はいろいろ文句をいってるけれど、道徳を教えるのは教師だ。その教師の一人ひとりが自分の頭でしっかり考えて、本音で子どもたちに教えるなら、ツッコミどころ満載の教材も、少しは役に立つんじゃないかと思う。

# 12

## 道徳が役に立つのは、むしろ不道徳な人間だ。いい人間のふりをしたければ道徳の教科書を参考にすればいい。

正直者は馬鹿を見るというけれど、道徳をいちばん有効に活用しているのは、だいたいにおいて不道徳な人間だ。

オレオレ詐欺が、いい例だ。

最近はいろんな手口があるらしいが、今でも主流はオレオレだろう。

年寄りの、子や孫への愛情を餌にするわけだ。

人の心の優しさにつけこむ詐欺だ。

だから、そういうことに長《た》けた詐欺師は、だいたいにおいて、とても道徳的に見える。

良い人間だと、他人に思わせるのは簡単だ。

人とすれちがったら、相手が誰だろうと、気持ちのいいあいさつをする。

「おはようございます。いい天気ですね」

電車で年寄りだの、妊婦だの、松葉杖をついている人だのを見かけたら、にこやかに席を譲る。重そうな荷物を持っていたら、持ってやる。横断歩道を渡ろうとしていたら、手を引いてやる。

駅前で募金活動をしていたら、これ見よがしに小銭を入れて、胸に赤い羽根だのリボンだのをつけてもらう。

ゴミが落ちていたら拾う、ゲロ吐いてる奴がいたら背中をさすってやる……。

道徳の教科書に書いてあることを、きっちり守ればいいだけだ。

そういう意味では、道徳が役に立つのは、むしろ不道徳な人間だ。上っ面だけいい人間のふりをしたければ、道徳の教科書に書いてあるようなことばかりやっていればいい。

「巧言令色鮮し仁《こうげんれいしよくすくなしじん》」というやつだ。孔子の時代からそうだった。

端《はな》っから良心のない奴に、道徳なんて教えたってロクなことにはならない。

道徳を教えるのと、良心を育てるのは別のことなのだ。

# 13

## 子どもに喧嘩をしちゃいけないと教えるなら、大人だっていかなる理由があろうと戦争をしちゃいけない。

道徳はフラクタルだ。

フラクタルっていうのは、数学者のブノワ・マンデルブロが定義した幾何学《きかがく》の概念だが、簡単にいえば、全体と部分が自己相似の関係になっている構造を意味する。

葉っぱを落とした樹木を、遠くから眺めると、幹から枝が分かれて生えている。近づいて、そのうちの一本の枝を観察すると、その枝からも同じように小枝が分かれて生えている。その小枝も、さらに細い小枝に分かれていて……という具合に、部分と全体が同じ形をしている図形を、フラクタルという。

つまり、道徳もそんな構造ではないかと俺は思うのだ。

人がいて、家族があって、地域社会があって、市だの町だのがあって、県だの府だのがあって、国があって、さらには国際社会がある。構成単位は、人だったり、家族だったり、地方自治体だったり、国家だったりするわけだが、その形はフラクタルで相似形なわけだ。

形が相似なんだから、理屈からいえば、道徳だって国や市にも同じように適用されなくてはいけない。国と国の間の大きい道徳も、小学校の教室の中での小さな道徳も相似形になってなきゃいけない。

ものすごく単純な話で、子どもに友だちと仲良くしましょうっていうなら、国と国だって仲良くしなくてはいけない。子どもに「いじめはいけない」と教育するなら、国だってよその国をいじめてはいけない。武器を持って喧嘩《けんか》するなんて、もってのほかだ。

なのに、現実の世の中はそうなっていない。

「隣の席のヤツがナイフを持ってるので、僕も自分の身を守るために学校にナイフを持ってきていいですか」って生徒が質問したとして、「それは仕方がないですね」と答える教師はいるだろうか。いるわけがない。

だとしたら、隣の国が軍備拡張したからって、我が国も軍備を増強しようっていう政策は、道徳的に正しくないということになる。いかなる理由があっても喧嘩をしてはいけないと子どもに教えるなら、いかなる理由があろうと戦争は許されないってことになる。

それがフラクタルってもんだろう。

ところが、大人たちはどういうわけか、そっちの話には目をつぶる。

子どもの道徳と、国家の道徳は別物なのだそうだ。戦争は必要悪だとか、自衛のためには戦争をも辞さぬ覚悟が必要だなんていったりもする。

それは、そうなのかもしれない。

日本は自衛のためであっても軍隊を持つべきではないとか、何があっても戦争反対だとか、そういうことを俺はいいたいわけじゃない。

ただ、戦争は必要悪だと考える大人が、子どもに喧嘩をするなと教えるのは、筋が通っていない。道徳はフラクタルなんだから。それは泥棒の親が自分の子どもに、「子どもは泥棒をしちゃいけない」と教えるのと同じことだ。

道徳を云々するなら、まずは自分が道徳を守らなくてはいけない。

それができないなら、道徳を語ってはいけないのだ。

# 14

# 画家になりたい？　バカヤロウ！
# 絵描きで飯が喰えるわけがねえだろ！

今の社会は、夢を持てとか、自分らしさを生かせとか、やたらとそういうことを子どもたちに強調する。道徳の授業もそうらしい。

夢に向かって努力することが生きる喜びになる、なんて書いてある。

貧乏だった時代には、そんなことといわなかった。

「清貧」が、あの時代の道徳だったはずだ。

最近の道徳の教科書に、そんな言葉は見つからない。

清く貧しく美しくなんてのは、もう流行《はや》らないらしい。節約とか節制なんて言葉もあまり見かけなくなった。

時代が変われば、道徳は変わるのだ。

だけど今の人類が置かれた立場を考えれば、むしろ夢をかなえようなんてことより、清貧の方が大事なんじゃないの、と思う。

人間がじゃんじゃんエネルギーを消費して、地球の平均気温がじわじわ上がって、近頃は異常気象が当たり前になってしまった。5月に台風が来たり、気温が30度を超えたりしても、今じゃ誰もたいして驚かない。

東日本大震災のときは、節電しないと夏を越せないとかいって、東京の夜は暗くなった。自動販売機が電気の無駄遣いだと目の敵にされた。昔の夜が戻ってきたみたいで、こういうのもいいなあなんて思っていたけれど、しばらくしたらまた元通りのピカピカな夜が戻ってきた。節電なんて言葉もどこかへ行ってしまったみたいだ。

だけど、地球上で起きている問題の大半は、人間があまりにもエネルギーだの資源だの食糧だのを無駄遣いしているから起きているという事実は変わらない。中国の14億人が、アメリカ人と同じくらいエネルギーを消費するようになったら、地球は保《も》たないなんていわれている。

このままではどう考えたって文明は破綻する。現代人は今すぐにもライフスタイルを改めなくてはいけないはずなのに、その話はいっこうに進まない。節電や節約くらいで、この問題が解決するとは思えないけれど、それでも解決に向けた最初の一歩にはなる。

それは誰もがわかっているはずなのに、そういうことにはあまり真剣にならない。節電だの節約だのは、結局のところ経済活動のマイナスになるからだ。

清く貧しく美しくを奨励されて、みんながモノを買わなくなったら、消費が落ち込んで、経済成長率は下がって、世の中は大変なことになる。

人間は、幸せになるために生まれてきた。じゃんじゃん消費して、経済成長して、みんなで豊かになろうっていう高度経済成長期の幸福論は、バブル崩壊だの、大災害だのいろんなことがあって、いったんは否定されたはずなのだが、今も脈々と生きている。

大志を抱け、夢を持てと子どもにいうのも、そういう文脈の話だ。

なにしろその夢の見本が、スティーブ・ジョブズやマイケル・ジャクソンだったりするわけだから。イチローでも、本田圭佑でもいいけれど。

とにかく成功して、金持ちになって、いいクルマだの家だの自家用ジェットだの、なんでも好きなモノが買えるようになるっていうのが、要するに普通の大人が普通の子どもに教えている平均的な大志や夢の中身だ。ミもフタもない話だけど。

石川遼が出てきたときは、子どもにゴルフを習わせる親が増えた。今は錦織圭を目指してテニススクールに通う子どもが増えているんだろう。

夢を抱けっていうのは、前向きに生きろってことなんだろう。夢がかなうと信じて、一所懸命に勉強したり、スポーツに打ち込めってことだ。

子どもの鼻先に夢という名のニンジンをぶら下げているわけだ。

だけど、夢を持てば、誰もがスポーツ選手になったり、大金持ちになれるわけじゃない。

お笑いの世界にも、近頃は何を勘違いしたか、そういう成功を求めて飛び込んでくる奴らがたくさんいる。昔は、子どもが芸人になるなんて、親の恥だった。俺の母親は、俺が浅草のフランス座で働き出したときは、息子は留学してますなんて近所にいってたくらいだ。

今はもう、そんなことをいう親はいない。芸人になって、テレビでみんなに笑われるのは、誇るべき職業ということになったらしい。それも、芸人が儲かるっていう話が広まったからだろう。実際に儲かっている芸人なんて、それこそ一握りでしかないのに。

夢をかなえた、ごく一握りの人にスポットライトをあてて、夢を見ろと煽《あお》る。宝くじの宣伝と同じ程度の話なのに、学校の教師までが、子どもに夢を持てなんていっている。

世の中に余裕があるから、そんなことをいっていられるのだ。

夢に向かって頑張っていた子どもが、挫折してフリーターになっても、なんとか喰っていける世の中だから、夢を追いかけろなんて無責任なことがいえる。「飢え」というものを体験した世代はもうほとんどいなくなった。

昔はそんなに甘くなかった。ちゃんとした職業に就けなければ、路頭に迷うんじゃないかって親は心配したものだし、実際そういうことはいくらでもあった。

そういう時代には、誰も夢を持てなんていわなかった。

というより、うっかり夢を語ろうものなら、親に叱られたものだ。

「医者になりたいだって？　何いってんだ。お前はバカだし、ウチにはカネがないんだから、なれるわけないじゃないか」

「画家になりたい？　バカヤロウ！　絵描きで飯が喰えるわけがねえだろ」

頭をひっぱたかれて、それで終わりだ。

夢なんて追いかけてないで、足下を見ろというわけだ。

乱暴だけど、それが庶民の知恵だった。

今なら、子どもの可能性を潰す悪い親ってことになるのだろうか。

もしほんとうにその子に医者や画家になる意志と能力があるなら、そうやって頭を叩かれながらでも医者や画家になるだろう。ほんとうにやりたいことがあって頑張っている奴を否定するつもりはない。成功しようがしまいが、それがそいつのやりたいことであれば、思う存分にやればいい。だいたいそういう人間は、夢を持てなんていわれなくてもやり遂げる。

夢を追いかけるといえば聞こえはいいけれど、それはつまり輝ける明日のために今日を犠牲にするということだ。ほんとうのことをいえば、人も羨むその「輝ける明日」なんてものは、いつまで経ってもやってこないというのに。人がほんとうに生きられるのは、今という時間しかない。その今を、10年後だか20年後だかの明日のために使ってどうしようというんだろう。昔はそういう人間を、地に足が着いていないといった。

夢なんかより、今を大事に生きることを教える方が先だったのだ。

まだ遊びたい盛りの子どもを塾に通わせて、受験勉強ばかりさせるから、大学に合格したとたんに何をすればいいのかわからなくなる。

夢なんてかなえなくても、この世に生まれて、生きて、死んでいくだけで、人生は大成功だ。

俺は心の底からそう思っている。

どんなに高いワインより、喉が渇いたときの一杯の冷たい水の方が旨い。

お袋が握ってくれたオニギリより旨いものはない。

贅沢と幸福は別物だ。慎ましく生きても、人生の大切な喜びはすべて味わえる。人生はそういう風にできている。

そんなことは、誰でも知っている。

だけど、そんな大切なことも教えないで、夢を追いかけろという。頑張って勉強して、スポーツやって、起業したり、有名人になったりしなければ、幸せになれないと脅す。

そうしないと経済成長が止まって、大変なことになってしまうからだ。

だけど、大変なことになるのは、いったいどこの誰だろう。

少なくとも、清く貧しく美しく生きている奴ではない。

# 15

## 神様が前提なら、道徳に説明はいらない。「神様がそういった」、日本ではそうはいかない。

道徳は法律ではない。

法律には強制力があって、もし守らなければ罰金を取られるとか、逮捕されるとか、刑務所に入れられるとか、死刑になるとか、さまざまな不利益をこうむる可能性がある。だから、人は否応なく法律を守る。

道徳には、そういった強制力がない。

それなら、なぜ、人は道徳を守ろうとするのか。

これはけっこう難しい問題だ。人が道徳を守る理由は、おそらくひとつではないからだ。

たとえば、目の前で子どもが川に落ちたとする。

それが自分の子なら、まあ普通は、何も考えずに飛び込むだろう。

これは道徳を守ったゆえの行動か？

おそらく違う。この件については、道徳なんて関係ない。自分の子どもが川に落ちたら飛び込んで助けましょうと、道徳の教科書に書く必要はない。

それでは、溺れたのがどこかの知らない子どもだったらどうか。

もちろん、助けたい気持ちが起こり、基本的には、その気持ちに従った行動をとるはずだ。

これは道徳か？

この答えは難しい。それが他人の子どもだろうが、何も考えずに飛び込んで助けようとする人はけっこういるはずだ。そういう人にとっては、それが自分の子どもだった場合と同じ、道徳とは無関係の行為だ。道徳に従ったのではなく、本能的に動いただけだ。

とはいえ、必ずしもすべての大人がそうするわけではないだろう。泳げないとか、水が冷たいとか、服が濡れるのが嫌だとか、その子があんまりかわいくないとか、いろんな理由で飛び込むことをためらう人も、一定数はいるに違いない。

けれど、もしそのとき対岸に人がいて、こちらを見ていたらどうだろう。それが、ミス・ユニバースかなんかの団体だったら？

飛び込む人間の割合は増えるに違いない。若い男は、みんな飛び込んじゃうかもしれない。

これは、道徳か？

道徳に近い気はする。少なくとも本能的な行動ではない。いや、別の意味では本能に突き動かされているのかもしれないが。

他人の目を意識すると、人間は基本的に道徳的になる。ゴミがひとつも落ちていない道にゴミを捨てる人が少ないのも、人目を意識するからだろう。

それは、道徳ではないという人もいるだろう。

自分の良心に従った行為だけが道徳で、そうでないのはエセ道徳だという考え方もある。

けれど、それを区別するのは難しい。

旅の恥はかき捨てという言葉がある。裏を返せばそれは、自分の地元では行儀がいいということだ。自分のことを知っている人の前では、人は道徳的になる。年寄りが目の前に立ったら眠ったふりをする若いサラリーマンも、それが自分が勤める会社の社長だったりしたら、さっと立って席を譲るに違いない。

人はなぜ道徳を守るのか。

良心に従うのか、人目を気にするのか。

自分のやっていることをよく考えてみればわかるけれど、どちらか片方といい切ることはできないんじゃないか。良心の疼《うず》きを感じながら、人目も気にしているっていうのが、普通だろう。

誰も見ていない街角でゴミを捨てないのも、どこかで人目を気にしているんだと思う。人目を気にするわけではなくて、街が汚れるのが嫌なんだという人も、もちろんいるだろうけれど。

日本人には宗教がないから、道徳心が足りないなんていう人もいる。

たしかに、神様を信じている人の方が、道徳を守る率は高いだろう。

誰も見ていなくても、神様は見ているわけだから。

昔はよく、お天道様が見てるよ、といったものだ。そういわれると、人のいない場所でも、悪いことをしてはいけないような気がした。みんなが立ち小便する場所に、鳥居のマークを描いたら、立ち小便が減ったというのも同じ話だ。

それはある種の〝人目〟だけど、それを気にすることと、自分の良心の声に従うことは、実質的にはほとんど同じだ。親にやってはいけないといわれたことをやってしまうときに疼くのも、心の同じ部分だろう。

心理学では、それを「超自我」なんて呼んだりするらしい。難しくいえば、「内在化した親の価値観」というやつだ。

もっとも、いつまでも親の価値観というわけではなくて、人が成長するにつれて、この内在化する価値観の主は、教師や尊敬する人、憧れの人、もしくは本で読んでなるほどと思ったことなど、とにかくその人間に影響を与える人格に変わっていく。

宗教はその最たるものだ。宗教を信じている人にとっては、神様は強力な超自我として人の行動を左右する。

無宗教の人が多い日本では、だから道徳に説得力がないなんていわれるのだ。神様と名のつくものならなんでもとりあえず信じる（あるいは、信じるふりをする）のが日本人だ。無宗教なのか多宗教なのかは、議論があるところだろうけれど、とにかく、特定の宗教だけを信じる人の割合が、欧米なんかに較べればかなり少ないのは事実で、だから日本人は道徳観念も弱いんだという理屈になる。

まあ、この理屈はある程度までは正しいんだろうと思う。

たとえば、日曜日に家族で教会に行くのが普通な国では、わざわざ道徳教育なんてする必要はおそらくないはずだ。

日本にはそういうものがないから、わざわざ学校の授業で時間を割いて道徳を教えなくてはいけなくなる。神様が前提なら、道徳に説明はいらない。「神様がそういった」で、おしまいなのだが、日本ではそうはいかない。だから日本の学校の先生は、「いいことをすると清々しいよね」なんていわなくちゃいけない。

何回もいうけど、それじゃテレビショッピングと変わらねえじゃねえかと思う。

「この洗剤を使うと、どんな汚れもさっと一拭きで落ちて、気持ちいいですよー」とか「このベルトを腰に巻くと、一週間で腹筋が百個に割れます」なんていうのと同じ、まるで道徳の押し売りみたいなことをしているわけだ。

まあ、学校の先生はかわいそうだなあという気もする。

なにしろ、なんの前提もなしに、道徳を教えなきゃいけないのは大変だ。

「どうして牛は殺していいのに、人を殺してはいけないんですか?」

生徒にそう質問されたとして、どれくらいの先生が、生徒を納得させられる説明ができるだろう。地獄絵図か何かを持ち出して、「そんなことをしたら地獄に落ちるぞ」といえればいいけれど、それができないわけだから。

下手すると、「僕は年寄りに席を譲っても、清々しい気持ちになんかならないけど、動物をいじめると清々しい気持ちになります。清々しい気持ちになるんだから、動物をいじめてもいいんですよね？」なんて、いわれちゃったりして。

そんなことをいい出す生徒がいたら、先生はいったいどうしたらいいのか。

なんで道徳を守らなきゃいけないかってことを、教える側がまずよく考えることだ。

道徳とは何か。

人はなぜ道徳を守らなくてはいけないのか。

そんなこともよく考えずに道徳を教えることこそ、不道徳の極みだろう。

# 第二章　ウサギはカメの相手なんかしない

# 01

## 今の世の中じゃ、ウサギは途中で昼寝なんかしない。他のウサギと競争中で、カメにかまってる暇はない。

社会全体のモラルが低下したなんていわれている。

俺がいってるのではなくて、文部科学省の学習指導要領にそう書いてある。社会全体のモラルが低下しているから、子どもがそれに影響されないように道徳教育をしっかりやらなきゃいけないんだそうだ。

俺の個人的感想をいわせてもらえば、社会のモラルはむしろ良くなった気がする。道端にゴミや煙草の吸い殻を捨てることも少なくなった。東京の川もずいぶん綺麗になった。

犯罪だって、昔に較べればかなり減ってるんじゃないか。少年犯罪が凶悪化したなんてよくいうけれど、昔の方がよっぽどたくさんの少年犯罪があった。交通事故も減ったし、殺人事件だってかなり減っている。

統計を引っ張り出して調べてみると、太平洋戦争前後の日本の人口10万人あたりの殺人事件の被害者数は、イタリアと同じくらいだった。それがどんどん減って、今ではドイツやイギリスを下回り、日本は世界でも最も殺人の少ない国のひとつだ。数字で見れば、明らかに社会のモラルは良くなっている。

にもかかわらず、モラルが低下したというのは、要するに自分のモラルに自信がなくなっているということだろう。

学習指導要領には、「児童の道徳性の育成に、大きな影響を与えている社会的風潮」のひとつとして、「物や金銭等の物質的な価値や快楽が優先される」とある。

それはあんたたちのことだろう！　と、とりあえずツッコんでおく。景気が良くなれば、世の中すべてが上手くいくみたいなことをいっているのは、いったいどこの誰だろう。

道徳の教科書を作っている大人の側が、何が正しいかもわからなくなっている。自分がわからなくなっているのに、子どもには相変わらず昔ながらの道徳を語る。

それがそもそもの間違いの元《もと》だと俺は思う。

たとえば、勤勉や勤労は、昔から重要な徳目《とくもく》だった。

アリとキリギリスでいえばアリ、ウサギとカメならカメ。勉強も仕事も、真面目にコツコツやる奴が偉いということになっていた。

だけど、今の世の中はまったくそうではなくなっている。

いや、そんなことはもう、ずっと前からそうじゃなくなっていたわけだ。バブルのときを思い出してみたらいい。都会にまとまった土地を持っているだけで、大金持ちになれた。日本中の土地の値段で、世界中の土地を買い占められるなんていう話もあった。

それでも今までは、なんとかそういう話を伏せてきた。地上げだのなんだのというのは、当時だってあまり格好いい話ではなかった。バブルで日本中に金があふれたから、若い奴らはそれなりにバイトだのなんだので金を稼いで、いい思いをした。バブルだのなんだのという話にはあまり目を向けなかった。日本の景気がやたらといいのは、敗戦の焼け跡からコツコツ努力したおかげだという話をでっちあげて、バブルという不道徳を上手くごまかしていたのだ。

それが、もはや隠し切れなくなった。

大きな花火が上がったからだ。

世間の人は、それを〝ＩＴ革命〟なんて呼ぶ。

インターネットが生まれ、ＩＴ企業とかいうものが世界中のあちこちで、春先のタケノコみたいなものすごい勢いで育ち始めた。その結果、昨日まで大学生だった奴が、いきなり世界でも指折りの億万長者になったりした。

それまでの若者にとって、大企業の社長といえば、自分の父親や祖父の世代の話だったはずだ。まあ自分もいつかは社長になりたいと夢見る若者はいただろうけれど、それこそ何年もコツコツと努力を重ねて辿り着く地位だった。道徳の教科書に書いてあることと、矛盾はしていなかった。

ところが、このタケノコはまったく様子が違った。

下積みでコツコツ努力してなんて話とは、少なくとも外から見た限り、なんの関係もない。アリとキリギリスの話でいえば、夏の間ずっと遊び歩いていたキリギリスは、冬になったら製糖工場か何かを建設して、アリどもを召使いにして楽しく暮らしました、みたいな話だ。

もちろん、世界中の誰もが思わず飛びつくようなものを「発明」したんだろうから、そいつがいきなり億万長者になったとしても悪いことは何もない。

だけど、そのＩＴ革命とやらが始まって以来、そこらの若い連中がこのおとぎ話に洗脳されてしまった。地道に働いたってノイローゼになるだけだから、自分はブログ書いて暮らします、なんていう奴まで出てきた。金持ちのキリギリスにはなれないから、キリギリスのおこぼれに与《あずか》って生きていこうという手合いだ。

アリとキリギリスの話がひっくり返ったわけだ。

努力や真面目さだけでは、世の中を渡っていけない。

カネを握った奴が、社会のカタチをどんどん変えていく。

どんな社会に変えるかといえば、もちろんカネを持っている奴が有利な社会だ。人が生きていくのに絶対に必要な仕事のはずなのに、農業人口がどんどん減っているのも、その証拠のひとつだ。

今の社会は、それが行き着くところまでいって、人間が生きることの本質から離れたところでカネが動くようになっている。

ウォール街が世界の金融の元締めになる仕組みを作ったのは、アメリカが宇宙開発計画を縮小した煽りをくらってＮＡＳＡを解雇されたロケット工学者たちだという話があるけれど、彼らが何をやったかといえば、高度な数学理論を駆使して、金融工学なるものを発達させてしまった。

現代のお金とは、つまりは数字だから、その数字を純粋に扱うことに長けた連中が、世界経済を動かすようになったのは、ある意味当然かもしれない。だけど、そのせいで世界の金の流れが、数字を操る人間の手に握られてしまった。

いや、握るっていったら、完全に把握するってことだけれど、それは神様にもおそらく不可能だろう。素人の特権で大胆なことをいうと、その金を操る技術で大儲けをしながら、経済を混乱させているといった方がいい。

リーマンショックというのがあったけれど、あの大混乱の原因は、サブプライムローンを組み込んだ金融商品だったわけだ。その金融商品を生み出したのも、金融工学だった。

金儲けが好きな連中が、勝手に金を儲けたり損したりしている分には何も文句はないけれど、地道に土を耕して暮らしている人間にまで、どうにもならないくらい大きな影響を与えているのは動かしようのない事実だ。

素朴に考えれば、金が金を生むなんて話は、ほんとうはインチキ臭いものなのだ。まして、今では金が金を生むどころか、数学の知識を用いて金を操って、本質的には何も世のため人のためになるようなことをしていないのに、大儲けをするような仕事を人は讃える。

だって、金持ちは勝ち組で、そっちの方が格好いいもの。苦労して大学まで行かせた我が子が、その外資系のヘッジファンドだかなんだかに就職すれば親は大喜びだ。自分の生涯収入の何倍もの大金を、まるで将棋の駒か何かのように動かす仕事をする我が子を、きっと誇りに思うことだろう。その動かす金が、大金持ちや大企業の金でしかなくて、我が子のやっていることは結局のところ、貧富の差を拡大する仕事でしかないなんて思いも及ばない。そういう仕事が悪いといいたいわけではないけれど。

戦国時代に生まれたら、否応なく戦に巻き込まれる。

現代に生まれたら、ＩＴだの金融工学だのに巻き込まれる。

人は自分が生まれた時代でやっていくしかない。

芸人の仕事には芸人をやった人間にしかわからない喜びがあるように、ＩＴにはＩＴの、金融工学者には金融工学者にしかわからない喜びというものがあるんだろう。それを知らない俺が、その仕事をどうこういうつもりはない。

だけど、道徳の教科書はもうちょっと中身を考えないといけないと思う。

そうじゃないと、真面目な子どもがかわいそうなことになる。

ノロマでもコツコツ努力すれば勝負に勝てるなんて幻想を、子どもに植えつけちゃいけない。そんなことしたら、真面目なカメは、みんな頭のいいウサギの食い物になってしまう。

少なくとも、ウサギとカメの話は書きかえなきゃいけない。

# 02

# 『ウサギとカメ 20××年版』

ウサギとカメがいました。

カメがいいました。

「ウサギさん、どっちが速いか競走しよう」

ウサギがいいました。

「悪いね、君と競走してる暇はないよ。それじゃあね」

ウサギはそういうと、あっという間に、山の向こうに駆けていってしまいました。

競走する相手がいなくなって、がっくり落ち込んだカメが道端でふて寝をしていると、やがてウサギが走って戻ってきていいました。

「カメさん、そんなところで寝ていちゃ駄目だよ」

カメは喜んでいいました。

「ウサギさん、ありがとう。僕と競走してくれるんだね」

ウサギがちょっと申し訳なさそうな顔をしていいました。

「カメさん、そんなことよりも地代を払ってくれるかな。このあたりの土地は、全部僕が買い占めたんだ」

# 03

## 昔に較べて世の中は自由になったんだろうけれど、その反面で、知らない間に誰かの領民にされている。

ＩＴ企業は、戦国大名みたいなものだ。

世界中の人間がインターネットを使うようになって、そこに新しい領土が生まれた。

その領土を奪い合う戦争をしているわけだ。

それは誰でもわかっていることだと思う。

この戦争は、血が流れない戦争だ。兵隊もいなければ、軍隊もない。そういう意味では平和な戦争なんだろうし、おかげで世の中はなんだか便利になっているみたいだし、いろいろなＩＴ系の企業が栄枯盛衰を繰り広げるのを見物しているのは、きっと面白いのだろう。

あまり文句をいう奴もいない。

俺自身は興味がないから、実際に何が起きているのかよく知らないけれど。

ただ、興味がないおかげで、すこし違う角度からこの戦争が見える。

アマゾンだアップルだグーグルだなんだと、本来はぜんぜん土俵が違うはずの企業が、まるで異種格闘技みたいに組んず解《ほぐ》れつしながら奪い合っている領土というのは、いったいどこにあるのか。

高みの見物をしている奴らには、それがわかっているのだろうか。

それは、コンピュータの中にあるわけでも、光ケーブルだのなんだのでつながった世界を股にかけたネットワークとやらの中にあるわけでもない。

いうまでもなく、彼らが奪い合っている領土とは、つまり俺たちだ。

インターネットの世界は、仮想空間だかなんだかわからないけれど、なんだかんだいっても結局はそれを人間が使わなければ話にならない。どんなに世の中が進んだって、結局のところ、やっていることは同じだ。

戦国大名が領土を奪い合ったのは、そこに住んでいる人間を奪うためだった。

そこに人がいるから領土として価値があるわけで、ただの土地では雑草が生えてるだけでなんの利益にもならない。自分の領土に、いかにたくさんの人間を囲い込めるかという争いをしていたわけだ。

今も、ある意味、それは変わらない。

現代の戦国大名たちが奪い合っているのも人間だ。

彼らが売っているのは、単なるモノやサービスではない。

いつの間にか携帯電話だのスマートフォンだのパソコンだのは、水道や電気と同じくらい、生活になくてはならないものになってしまった。

ほんとうは、そんなものなくたって生活はできるわけだけれど、気がついたらほとんどの人がそういうものに取り込まれている。嘘だと思ったら今度、電車にでも乗ったときに、周りを見回してみたらいい。どれだけの人間が、スマートフォンだか携帯電話だかを覗き込んでいることか。

人間のことを、「道具を作る人」という意味のラテン語で、ホモ・ファーベルというそうだが、今の人間はむしろ「スマホを使う人」とでも呼んだ方がいいんじゃないか。ラテン語でなんていうのかわからないけれど。

スマホでメールを書いているのか、ゲームをしているのか、映画を観ているのかは知らない。だけど何をしていようが、俺たちは現代の戦国大名たちに税を納めている。

もし、ある日、役人が「今日から空気を吸ったら税金を取る」といい出したら、みんな腹を立てるに違いない。暴動が起きたっておかしくない。

では「誰かと話をしたら税金を取る」といったらどうだろう。

同じことが起きるって？

俺はそうは思わない。すでに、ほとんどそうなっているのに、誰も文句をいわないんだから。

一人の人間が一日、どれくらい他人と「会話」しているのか見当もつかないけれど、大雑把に平均したら、その半分くらいはＳＮＳだのメールだのを経由しているんじゃないか。

そういうものを経由しているってことは、そこにカネを払っているということだ。実際にカネを払っていることもあれば、間接的に支払っている場合もある。無料だからって安心していたらいけない。世の中の人がＳＮＳに費やしている膨大な時間は、いろんな仕掛けでカネに換算されるのだ。

その昔、日本では、米だけではなくていろいろなもので税を払っていた。アワビだの昆布だの猪だの、特産品で払う税もあれば、労働力で払う税もあった。今では自分の時間を、税として払っているというわけだ。

スマホだのパソコンだのの性能が上がって、いろんなインターネットのサービスが増えて、世の中はますます便利になった。昔では考えられないくらいたくさんの人と「会話」ができるようになった。地球の裏側にいる、今まで一度も会ったこともない人とだって、簡単に話せる世の中だ。

昔に較べて世の中は自由になったということなんだろうけれど、その反面で、俺たちは知らない間にどこかの戦国大名の領民になっているってこともわかっていた方がいい。

領民ならまだいい方で、彼らは俺たちを牧場の羊くらいにしか見ていないかもしれない。

# 04

## デジタルには合間も隙間も余白も<br>グレーゾーンもない。だから、その隙間を<br>乗り越えるための苦悩を知らない。

インターネットは人を自由にするなんていう。

そういう面があるのは否定しないけれど、反対側から見れば、小魚をまとめて捕獲する網のようなものだ。ザトウクジラは小魚の群れの下を円を描いて泳ぎながら泡を吐き、その泡の網で小魚の群れを取り囲んで、小さく固まった群れごと一気に呑み込む。あの泡の網みたいなものじゃないのか。

もっとも、インターネットはウェブともいう。正式にはワールド《World》・ワイド《Wide》・ウェブ《Web》。

ウェブってのは、蜘蛛の巣という意味らしい。

つまり、インターネットとは、世界に広がった蜘蛛の巣だ。

インターネットは人を自由にする。だけど、同時にその蜘蛛の糸で人間を搦《から》めとる。

インターネットといっても、要するに道具だ。道具は使う人間以上のものにはならない。道具を使ったからといって、バカが利口になるわけではない。虫眼鏡を覗けば、小さいモノが大きく見えるけれど、小さいモノが大きくなるわけじゃないのだ。

インターネットを賢く使う奴もいるだろう。だけど、バカを増幅しているだけの奴はもっとたくさんいるはずだ。

Facebookにしても YouTubeにしても、昔はそんなものなかったから、今はいい時代になったんだっていうのかもしれないけれど、運営している側にしてみれば広告媒体でしかない。テレビだの雑誌だのが昔からやってきたことを、新しい技術でやっているだけの話だ。

昔は情報を発信できるのはマスコミだけだったけれど、今は個人が世界に情報を発信できるなんていって、みんな自由になったつもりでいるらしい。だけど、その自由の舞台は何でできているかってことも考えた方がいい。SNSは慈善事業じゃない。右も左も、みんなまとめて網にかけて金を吸い上げる装置じゃないのか？

ネットは個人を自由にするなんて詩的な話ではなくて、国全体とか、地球規模で管理される方向に全速力で向かっているように俺には見える。

これはあくまで印象だが、誰も彼もがインターネットを使うようになって、世の中が昔より不寛容になった気がする。自分と違う意見の人間、異端児とか異分子に手厳しくなった。正義感を振りかざし、誰かが何か間違ったことをしたら、徹底的に叩きのめさなくては気がすまない、みたいな奴がやたらと多い。

あれもデジタル文化のせいかなあと思う。0と1、白と黒の間がない。0から1に行くまでには、ほんとうは葛藤があるはずなのだが、今はいきなり0から1にポンと飛ぶ。

合間も隙間も余白もグレーゾーンもない。ほんとうはその隙間を乗り越えるために、悩んだりすることが思想的には価値があるのだが、余白がないから悩むことを知らない。

悩むなんて無駄なことはしないで、とりあえずWikipediaで調べるか、どこかのサイトに投稿して、どこの誰かも知らない奴に答えを聞いてしまう。試験中に問題の答えを聞いたなんてニュースもあった。

集団的知性なんて考え方をする人もいるけれど、それはどうだろう。やっている本人にとっては、手軽に答えが出るようになったってだけの話じゃないか。山登りは山頂に自分の足で立たなきゃ意味がない。それなのに誰かが頂上で撮った写真を見て、自分も登頂した気になっているのと大差ない。

そういうわけで、今の時代の悩むっていうのは、腹が減ったときに、牛丼喰おうかハンバーガーにしようかって悩むのと同じ、いくつかある選択肢の中の選択問題でしかなくなってしまった。

答えはすでに用意されているのだ。

「この中で罪を犯したことのない人が、最初に石を投げなさい」

キリストにそういわれて、昔の人はみんな黙り込んでしまったけれど、今は「じゃあ僕から」って、どんどん石を投げちゃうんじゃないか。

ネットの世界には、そういう奴らがうじゃうじゃしているように思えてならない。

# 05

# インターネットで手軽に知識を得ることはできても、手軽に得られるのは手軽な知識でしかない。

悩まない人間は、人の悩みも理解しない。
この世は、白か黒か。
自分は白で、自分は絶対に正しい。そういう薄っぺらな発想しか出てこない。
ソクラテスは、「無知の知」といった。
自分が知らないってことを知ることが、本当の知恵だという意味だ。
世界は不思議だ。よく考えてみれば、何がなんだかわからないことだらけだ。
なぜ雲は空に浮かんでいるのか。
どうして人は人を好きになるのか。
そもそも、人間とはいったいなんなのだ。なんのために生きているのか？
自分は何もわからないってことがわかると、人間は謙虚になる。

謙虚になってはじめて、人間は何かを学ぶことができる。

どんなに歳をとっても、偉くなっても、自分が何も知らないってことを忘れちゃいけない。

無知の知というのは、そういうことをいっているんだと思う。

しかし、そんなことをいうと、「雲がなんで浮かんでるかなんて、ネットで調べればすぐわかるよ」っていう奴が必ず出てくる。

たしかに最近は、ネットで調べれば、たいていのことが「わかる」ようになった。

俺だって、そういうものを使わないとはいわない。

百科事典に書いてあるのと、たいして変わらない答えしか出てこないけれど、簡単にそれなりの知識は得られる。知ったかぶりくらいはできるようになる。

便利にはなったかもしれないが、ただそれだけのことだ。

ひとつの知識を本物の知識にするためには、何冊も本を読まなくてはいけない。それは今も昔も変わらない。インターネットで手軽に知識を得ることはできても、手軽に得られるのは手軽な知識でしかない。ハリボテの知識だ。知ったかぶりが増えただけのことだろう。

その証拠に、インターネットの世界にはバカがあふれている。

そりゃ、中にはすごい奴もいるとは思う。ネットで集めた情報だけで、原爆を作ってしまう奴だっているだろうし、世界を唸《うな》らせるような論文を書く奴だっているかもしれない。

だけど、そういう奴はインターネットがなくたって、同じことをやれる。

アップルコンピュータを創業したジョブズと、その相棒スティーブ・ウォズニアックは、学生時代に図書館にもぐりこんで、世界中の電話をハッキングする機械を作ったという。そういう人間にとってインターネットは凄《すさ》まじい武器になるかもしれないけれど、ほとんどの人間にとっては、辞書を開かなくても調べ物ができるっていうくらいの話でしかない。

むしろ、図書館に通ったり、辞書を調べたりする習慣がなくなってしまったという弊害の方が大きいかもしれない。

「天下取っても二合半」という諺《ことわざ》がある。どんなに偉くなっても、一食に喰える飯は二合半でしかないということだ。

それと同じ話で、どんなにたくさんの情報が手に入るようになっても、消化できる情報の量が変わるわけではない。最新の論文が読めるといっても、理解できなければ話にならない。インターネットにつながればなんでもできるといっても、消化不良で苦しむのがオチだ。

今の世の中は、そういう消化不良がそこら中で起きている。

結局やっているのは、自分の理解力の範囲で生半可な知識を集めて、世の中に対してやたらと憤ったり、意見をしたりしているだけのことだ。パソコンにかじりついているだけで、世界が変えられるとでも思っているのか。

そういうのをスラックティビズム《slacktivism》、怠け者の社会運動という。まあ、それは、Wikipediaに書いてあったんだけど……。

自分は何もしないで、世の中を変えようっていうんだから虫がいい。

インターネットのおかげで増えたのは、人類全体の知識の量ではなく、自分が世界中のことをなんでも知っていると勘違いして、自分は絶対に正しいと思い込む人の数だ。

何が危険といって、こんなに危険なことはない。

ソクラテスはきっと今頃、草葉の陰で笑っているはずだ。

# 06

## 誰もが田んぼを作っていた時代、「和をもって貴しとなす」という道徳には根拠があった。

昔はどんなに頑張っても、一人で稼ぐのは難しかった。

落語家なら一人でも稼げるじゃないかっていうかもしれないけれど、落語家もピン芸人も一人ではどうにもならない。

師匠だの弟子だの、テレビ局のプロデューサーだのスポンサーだの、いろんな人との人間関係があってはじめて成立する職業だ。

極端な話、道端に座って乞食をして暮らすにしても、お金を恵んでくれる人がいなきゃいけないわけで、そういう意味では一人で稼げるわけではない。

人間関係というものは、それがたとえどんなに限られた相手であっても、ある程度のマナーや道徳が共有されていないと成立しない。

ところが近頃は、独りぼっちで世間と没交渉でも金が稼げるようになった。インターネットのおかげだ。一人で引き籠もりのような生活をしながら、株だの先物取引だので大金持ちになれる時代なのだ。

もちろん誰でも大金持ちになれるわけではない。人が羨むくらいに稼ぐには、才能か運に恵まれる必要があるだろう。

それでもとにかく、人と関わらずに金を稼げる時代になったことは間違いない。大金持ちまではいかなくとも、世間と没交渉でなんとか喰っていける奴はけっこうな数に上るんじゃなかろうか。いい歳になっても、親の脛《すね》をかじりっぱなしの引き籠もりもいるわけだし。

そういう種類の奴らにとって、道徳は無用の長物だろう。

人間関係がゼロでも生きられる時代なのだ。

道徳なんていらないという奴に、むりやり道徳を押しつけることはできない。

日本人の大半が米や麦を作って生活していた時代なら、日本人の道徳はひとつで足りたかもしれない。けれど、こういう時代になってしまっては、それは無理だ。

無理なのに、むりやり子どもたちに昔ながらの道徳観を身につけさせようというのが、今の道徳教育なのだろう。

無理なことをすれば、どうしたって空虚な中身のないものになる。

それがつまり、道徳の教材に、妙な違和感がつきまとう理由だと思う。

「清々しい気持ち」とか「はればれとした気持ち」とか、わかるようで、よく考えるとなんだかよくわからない気持ちをやたらと引き合いに出して、気持ちがいいからこの道徳を守りなさいといわざるを得ないのだ。

そういう道徳の根拠がどこにあるか、教材を書いた人だってよくわかっていないはずだ。

いや、根拠なんて今やどこにも存在しないのではないだろうか。

誰もが田んぼを作っていた時代に、「和をもって貴しとなす」という道徳には根拠があった。田んぼの水は公共財産みたいなものだから、誰かが勝手なことをして、水を自分の田んぼにだけ引いたりしたら、他の人が生きられない。田植えにしても稲刈りにしても、近所の家や親戚が協力してやるものだった。周囲との衝突を嫌う日本の文化が、日本的な道徳の根拠だろう。

だけど、そういう時代はとっくの昔に終わってしまっている。

イタリア人とかフランス人と飯を喰いに行くことがあるが、そういうときに日本人の道徳観というのは別に普遍的なものじゃないってことをよく感じる。イタリア人がフランス人の皿の上に載ってる料理を指さして、「ちょっと喰わせてよ」なんていうと、フランス人は怒り出すわけだ。「なんで俺が自分の食べ物を、あんたに喰わせてやんなくちゃいけないの？」と。

日本人には、あまりそういう奴はいないと思う。内心は知らないけれど、表面的には「どうぞどうぞ」ってやるだろう。

食べ物は分かち合うべきだって道徳観が日本人にはある。それは周囲との衝突を嫌う日本文化ならではの感覚で、別に世界中どこでも同じわけじゃない。

昔ながらの日本的な道徳観を支えているのは、単なる郷愁くらいのものなのだ。

ＩＴ時代はこれからもずっと続くのだろう。

道徳なんていらないよという人は、もっと増えていくに違いない。

# 第三章　原始人に道徳の心はあったか

# 01

## エデンの園のように、誰も彼もが食べ放題みたいな世界だったら、戒めなんて必要なかったはずだ。

大昔の道徳は、どんなものだったんだろう。

原始人に道徳はあったのか。

道徳っていう言葉はなかったにしても、それに類するものはあったんじゃないかという気はする。道徳の卵とでもいえばいいか。

人類の始まりについては、いくつかの学説があるらしいけれど、今の地球上に生きている我々人類は、だいたい7万年くらい前にアフリカで暮らしていたホモ・サピエンスのグループの子孫ということになっているらしい。その説を信じるなら、白人も黒人も、黄色人種も、7万年前まで遡《さかのぼ》れば、祖先は一緒というわけだ。

なぜ7万年前かというと、それもさまざまな説があるが、最近支持されているのは、ちょうどその頃、スマトラ島でものすごい火山の噴火があったらしい。その影響で地球の平均気温が5度も下がるという天変地異で、地球は氷河期に突入し、我々の祖先は1万人くらいにまで減ってしまったといわれている。

　まあ、それはひとつの説だけれど、この説を支持するいろいろな証拠があがっている。たとえばシラミのDNA解析から、人類が服を着るようになったのも7万年前くらいじゃないかという有力な学説があって、噴火の影響で気温が下がったという説とぴったり合致する。

　1万人といったら、小さな町の人口くらいだ。今でいうなら、人類は絶滅危惧種だったわけだが、そこから少しずつ、我々の祖先は世界へと広がっていったらしい。細かくいえば、最近の定説では、アフリカの東端、今のエチオピアのあたりからアラビア半島に渡って、そこからヨーロッパやアジアへと移住していったということになっている。

　その道徳の卵ってやつは、きっとその頃には芽生えていたはずだ。

　新天地に乗り出して、そこで増えていったということは、ある程度まとまった人数で一緒に行動したということなんだろう。そのまとまりが、家族単位なのか、それともう少し大人数の部族のようなものだったのか、それはわからないにしても、要するに、ある種の集団行動だったわけだ。家長だか族長だかわからないけれど、誰かがリーダーになり、ルールだの道徳だのは、そういう集団行動の中から生まれたに違いない。

そういうものがなくて、ただ単に力の強い奴が全部を奪うような集合体だったとしたら、巨大噴火後に6000年も続いた氷河期を、人間の集団はおそらく生きのびられなかったはずだからだ。

狩猟採集民はたいがい、獲物をある程度公平に分ける掟《おきて》を持っている。力の強い奴や狩りの上手な奴だけが、獲物を独占することはない。人間以外の動物は、ライオンだって狼だって、強い個体から獲物を食べる。弱い個体や、子どもはその余りを喰う。それが自然なんだろうけれど、人間は掟を作り、ある意味、不自然な行動を発達させたわけだ。

もしかしたら、そういう掟のない人間の集団もいたかもしれないが、そういう集団は滅びてしまったのだろう。10人の人間の集団があって、獲物が乏しくてとても10人全員を満腹にさせられないとき、もし力の強い上位3人が全部喰ってしまったら、他の7人は死んでしまう。10人の集団が3人に減るというわけだ。

そんなことをしていたら、あっという間に集団は滅びてしまう。

獲物が乏しいときは、できるだけみんなで分け合って、なんとか飢餓をしのいで、人間は氷河期を生きのびたんだろう。

氷河期を生きのびる間に、人間は道徳の卵を発明したんじゃないかと、空想をめぐらせている。その卵が孵《かえ》ったのが、モーゼの十戒だの仏教の五戒だのなんだろう。

「戒」は、いいいましめだ。

汝、殺すなかれ。

汝、犯すなかれ。

嘘をつくなかれ。

酒を飲むなかれ……。

だいたい、「何々をしてはいけない」といういい方をする。そうじゃないのは、モーゼの十戒の中の「父母を敬え」くらいだ。

人間の道徳は基本的に、やってはいけないことは何か、というところから始まった。それを決めなければいけなかったということは、それまでの人間は、けっこう簡単に人を殺したり、犯したりしていたってことかもしれない。

だけど、好き勝手に人を殺したり、他人の嫁さんや娘を犯したりしていたら、集団はまとまらない。厳しい自然環境の中で、肩を寄せ合って生きていくには、これはやっちゃいけないよという戒めが必要だったのだろう。

もしもエデンの園のように、そこら中にたくさん木の実がなっていて、誰も彼もが食べ放題みたいな世界だったら、別に戒めなんて必要はなかったはずだ。「産めよ増えよ、地に満ちよ」で、どんどん人口は増えていったに違いないから、ちょっとくらい人殺しをしたって、大勢に影響はなかっただろう。

衣服がそうだったように、道徳の原型は、過酷な環境から身を守るために生まれたに違いない。衣服が寒さや害虫から身を守るように、道徳も人を守る。

過酷な環境を生き抜くには、他人の助けが必要だ。道徳は、その他人の助けを得るためのある種の道具でもある。

そう考えれば、金持ちよりもむしろ貧乏人の親の方が、子どもに道徳的なことを厳しく躾《しつ》ける理由もよくわかる。反対に金持ちほどお金で解決できることは増えるから、道徳には無頓着になる。

だから金持ちの子どもには不良が多いっていうのは、考えすぎだろうか。

## 02

# 宗教が世の中にひとつなら問題はない。宗教と宗教がぶつかると、大変な問題が起きる。

道徳の原型は、厳しい環境を家族とか力で生き抜くために生まれたとしても、本格的な道徳が作られたのはその後、農耕が始まって、人間が家族や集落単位から、もっと大きな「社会」を作るようになってからのことだろう。

魏志倭人伝《ぎしわじんでん》には、倭人が大小さまざまな国々を作って暮らしている様子と、その何十という国の名があげられている。それぞれの国に、どれくらいの戸数があったかも書かれていて、数百から2万戸くらいまで幅がある。まあ人口にしたら数千から数万人っていうことだろうから、ひとつの国の人口は今の市町村くらいの規模だったということだ。

それぞれの国に、王様や副官がいて、その王たちの王……というか女王が、卑弥呼だった。

魏志倭人伝については、実はフィクションだったんじゃないかという話もあるけれど、卑弥呼の邪馬台国が小さな国々を従えていたなんて記述は、いかにも国の始まりという感じがする。

卑弥呼の邪馬台国に従う国もあれば、服従しない国もあったらしい。戦争したり、同盟したりしながら、少しずつ日本という国の原型ができていったに違いない。

そういう時代がどれくらい続いたかわからないけれど、道徳っていうものは、すでにその頃にはかなりしっかり出来上がっていたんじゃないか。単なる家族とか親戚の集まりを超えて、国を作るってことは、それなりに決まり事も作らなきゃいけないだろうから。

それは法律だったかもしれないが、文字があったわけではないし、もちろん六法全書みたいなものは影も形もなかったわけで、道徳と法律ははっきり区別できなかったはずだ。道の向こうから偉い人が来たら、道を譲って土下座しなきゃいけないとか、いろいろな決まり事があったみたいだけど、では、それを破ったらどうなるかっていうのは、明文化されていたわけではない。殴られる場合もあったかもしれないし、「こらっ！」と怒られたかもしれない。その偉い人が苦々しい顔をして通り過ぎるだけってこともあっただろう。

だからまあ、ここではそれを道徳と呼ぶことにする。

そういうレベルの道徳は誰が作ったかといえば、やっぱりその偉い人、王様の側の人間だったに違いない。土下座しなきゃいけない側の、いうなれば当時の庶民が、自分からそうしますっていうわけがない。

道徳といってもいろいろある。

強い者は弱い者を助けなくてはいけないっていうのも道徳だけれど、やはりいちばん強調されるのは、「社会の秩序を乱すな」という部分だ。上の人間のいうことを聞きなさいっていう考え方が、道徳の根本にはある。

秩序が守られなければ、邪馬台国もそれに従う小さな国々も、ばらばらに分解して、また元の家族とか親戚くらいの単位で生きていた原始時代に逆戻りしてしまう。

だから本格的な道徳は、人が寄り集まってより大きな社会を作ろうとしていたこの頃に形作られていったものなのではないかと、俺は思う。

道徳っていうものは、そもそも社会秩序を守るために作られた決まり事なのだ。

そう考えると、今の道徳の教科書で、やたらと年寄りを大切にしようとする意味もわかる気がする。それはつまり、目上の人を敬いましょうという、道徳の本来の目的の、遠い名残なんじゃないか。

あまり露骨に目上の人を敬いましょうってやると、何かと反発もあるから、今では弱い年寄りに親切にしましょうってことで、弱者保護みたいな話にしちゃっているけれど。

いや、年寄りを大切にするのは悪いことではない。けれど、そもそも道徳とはどういうものだったのかってことを考えておくのは、少なくとも無駄にはならない。

道徳は社会の秩序を守るためのもの……といえば聞こえはいいけれど、それはつまり支配者がうまいこと社会を支配していくために考え出されたものなんだと思う。

さらにそこから考えを進めれば、宗教っていうものも、その流れで世の中に広がったんじゃないかという気がする。

キリストとか釈迦とか、宗教の開祖がそう考えていたということではない。

どちらかといえば、ほとんどの宗教は、その始まりにおいては反社会的というか、その時代の社会秩序に反対するようなところがあって、キリストの場合がいちばんわかりやすいけれど、時の権力者に目の敵にされていたりしたわけだ。釈迦だって、あっちこっちで迫害されたり、誹謗中傷されたって話が残っている。

ところが、そのキリストや釈迦が亡くなってしばらく経つと、どういうわけだか時の権力者や王様たちが信者になって、いつの間にか迫害の対象だったはずのキリスト教や仏教は一種の国家宗教になってしまう。

なぜそうなったかというと、ものすごく大雑把にいえば、宗教が国をまとめるのに都合がいいからだ。王様だの支配する側が、そのことに気がついたのだ。

宗教には、権力や道徳よりも、強力に人を支配する力がある。

なにしろそれは、人間の頭の中身まで支配するってことだ。

偉い人には土下座しろという決まり事にしても、そこに宗教の裏付けがなければ、それはただ表面的にやっていればいいわけだ。頭を下げながら、舌を出している奴もいるかもしれない。

だけど、そこに神様だの仏様だのがくっつくと、そうはいかない。神様や仏様は、心の中まで見通すことができるからだ。舌なんか出したら、地獄に落とされるかもわからない。

支配者にとって、宗教は民衆の心の中まで支配するための道具だったのだ。

そう考えれば、どうしてヨーロッパにはあんなに大きな大聖堂があるのかもよくわかる気がする。奈良の大仏にしてもそうだ。時の支配者は、なぜ国力を傾けてまで、巨大な宗教施設を作ったのか。

神様や仏様への信仰心を表すためっていうのは表面上の理由で、やっぱりいちばんは民衆を畏《おそ》れ入らせるためだろう。今の俺たちだって、ヨーロッパの大聖堂のステンドグラスを見上げながら、パイプオルガンの演奏なんかを聴いた日には、もしかしたら神様ってほんとうにいるのかなあっていう気になったりするものだ。

かなり強い刺激には慣れっこのはずの、現代人だってそうなのだ。昔の人だったら、あんなものを見たら、一瞬でキリスト教を信じたんじゃなかろうか。奈良の大仏は鍍金《ときん》、つまり金メッキされていたというから、完成時はあの巨大な大仏が金色に輝いていたわけで……。ハリウッドのＳＦＸ大作だって裸足で逃げ出すような、ものすごい効果があったはずだ。

まあ、良くいえば、そうやって昔の王様は社会を安定させたわけだ。宗教は社会に秩序をもたらし、世の中を安定させるのだ。

もっとも、危険な一面もある。

宗教が世の中にひとつなら問題はない。だけど、そうはいかない。宗教と宗教がぶつかると、大変な問題が起きる。なにしろ、宗教は絶対的な正義だから。正義と正義がぶつかると、戦争が起きる。自分たちが正義で、相手は悪なんだから、何をやってもいいということになる。

世の中を平和に治めるための宗教だったはずなのに、それが無数の戦争の火種になってしまったわけで、世の中というものはほんとうにままならないものだと思う。だけど、そういう意味では、道徳だって、使いようによっては、かなり危険なことになるかもしれない。太平洋戦争時代の道徳教育を考えれば、それは誰の目にもはっきりしている。

あの時代、道徳は庶民を操る道具だった。

まさか、21世紀の今になっても、そんなことをしようとする奴がいるとは思わないけれど……。

# 03

## 誰かに押しつけられた道徳に、唯々諾々と従うとバカを見る。それはすでに昔の人が経験済みだ。

社会という大きな枠に、その社会の構成員は囲い込まれて生きている。構成員にはいつも、その枠からできるだけはみださないように、という圧力がかかっている。人間は大昔から、ずっとそうやって生きてきた。

キリストだって、人間と神様の関係を、羊と羊飼いにたとえている。人間に限らず、社会を構成する生きものはみんなそうだ。

道徳は、そういう観点からすれば、その社会の枠を示すものともいえる。いうなれば、牧場の柵だ。

武士道にしても、騎士道にしても同じだ。

「武士道というは死ぬことと見つけたり」というのも、武家社会の構成員である武士が、羊である自分と羊飼いである主君との関係をどうするかっていう話なわけだ、結局は。

命を捨てて忠義を尽くすとか、大義のために死ぬとか。

そういえばなんか格好いいけれど、柵の中の自分を美化しているだけなんじゃないか。

武士が主君に絶対的忠誠を誓い、忠臣は二君に仕えずなんていうことをやかましくいうようになったのは、江戸時代になってからの話だ。その前の戦国時代は、「士はおのれを知る者のために死す」で、自分を高く評価してくれる主君がいれば、二君でも三君でもどんどん仕えた。

実力主義の時代と終身雇用の時代では、道徳は変わるのだ。

変わるのは当たり前だ。

牧場の柵なんだから。

牧場の持ち主が変われば、柵のカタチや場所が変わる。昨日まで自由に行き来できたところが、いきなり立ち入り禁止になったりもする。

道徳はしょせんそんなものだと思っていれば害はないのだけれど、普通そういう風には道徳を教えない。道徳が相対的なものだなんていい出したら、誰も道徳を真面目に守ろうとしなくなるからだ。

だから、まるで永遠不変の真理のように道徳を教える。世の中が変わらなければ、それでも問題はない。柵を柵と思わずに、自分は此処《ここ》にいたいから此処にいるんだと思っている方が、羊はよっぽど幸せだ。

だけど、なかなかそうはいかない。この世はいつも動いている。

いちばんわかりやすいのは、戦争に負けたときだ。

ある歴史学者が何かの本に書いていたけれど、戦争とは、敵国の社会を成立させている基本原理に対する攻撃なんだそうだ。

「俺たちが正義だ。お前の考え方は間違ってる」

そういって戦争するわけだ。

アメリカとソ連（当時）の冷戦も、まさしくそういうものだった。太平洋戦争中に、日本が鬼畜米英なんていっていたのもそうだ。

戦争の勝ち負けと、どちらが正しいかは別問題だと思うけれど、現実には勝った方の正義が通って、負けた方は間違っていたってことになる。負けた国は、その社会を成立させている基本原理を否定される。今まで白だったことが黒になり、黒だったことが白になる。太平洋戦争に負けた日本の教科書は、あちこちを墨で黒く塗り潰された。

鬼畜だった米英の兵隊はヒーローになって、子どもたちはガムだのチョコレート欲しさにあとを追いかけ回す。子どもだけでなく、若い女もそうなった。今もそれが続いているのは、夜の六本木あたりを歩けばすぐにわかる。

良い悪いの話をしているわけじゃない。道徳なんて、そんなものだという話だ。

正義なんてものは、戦争に負けたくらいのことで簡単にひっくり返るのだ。

戦前の世代は、そのことを身に沁みて経験したはずだ。

戦後の教師は、それまでとまるで反対のことを、子どもに教えなくてはいけなくなった。

真面目でいい先生ほど、そのことに悩んだり傷ついたりしただろう。

いい加減で、人の尻馬に乗るのが大好きな奴は、そうでもなかっただろうけど。

戦後の日本で幅をきかせたのは、だいたいそういう連中だった。昨日までバリバリの軍国主義者だった奴らが、今度は占領軍の手先になって、またデカい顔をする。

腹の立つ話だ。

だけど、生きものとして考えれば、そういう奴は環境適応力が優れているともいえる。

牧場主が自分の都合で牧場の柵を作るように、権力者は自分の都合で道徳を作る。都合が変われば、道徳もコロコロ変わる。

コロコロ変わるのが道徳の宿命なのだから。

学校で教わった道徳を、絶対だと信じるからおかしなことになる。

戦後の日本が世界も驚くような復興を遂げたのは、戦前の道徳がひっくりかえって、道徳なんかどうでもいいやってことになったおかげともいえる。人生とはなんぞやなどという難しい話はやめて、ひたすら経済活動に邁進《まいしん》したおかげで今の日本がある。かつては、エコノミックアニマルなんていわれたものだけど、それはつまり道徳を失った動物ってことだろう。

今頃になって、日本人はエライとかスゴイとか、日本人の道徳を取り戻せなんていい出したのは、その反動に違いない。

だけど、なんだかそれも虚しい。

世の中の道徳が変わったからといって、自分まで変わる必要はない。

誰かに押しつけられた道徳に、唯々諾々《いいだくだく》と従うとバカを見る。
それはもう、すでに昔の人が経験済みのことだ。

# 04

# いつの時代も、どんな人間にとっても通用する絶対的な道徳はない。

敵の首を切り落として持って帰ってくる武士は、天晴《あっぱ》れだと賞賛されたわけで、もちろん道徳的に批難されることはなかった。

戦で敵を何人殺したかが、重要な論功行賞の材料だったわけだ。

首はその証拠だった。もっとも首に価値があるのは、戦のあとの首実検で、これは誰々の首であるといえるような偉い武将の首だけで、その他大勢の兵卒の首は、わざわざ持ち帰るのも大変なのでうち捨てられた。

ただし、何人殺したかは重要な手柄だから、首に価値のない、身分の低い敵を殺した場合は、鼻を削いで持ち帰った。一人の人間に鼻は一個しかついていないから、鼻の数を数えれば何人殺したかがわかるというわけだ。

だけど、今も昔もずるいことを考える奴はいるもので、鼻ならなんでもいいだろうと、女子どもを殺して、その鼻を手柄に持ち帰るなんてこともしたらしい。戦に勝てば、敵方の町や村を略奪するのが普通だったから、殺す女や子どもには事欠かなかった。

だから、そういうズルを防ぐために、鼻を削ぐときは、上唇も一緒にそぎ落とすのが作法だったという話がある。戦国時代の武士はヒゲを生やしていた。ヒゲを生やした上唇つきの鼻なら、女子どもではない、間違いなく敵を殺した証拠になるというわけだ。もっとも、さらに上手《うわて》のワルがいて、死んだ味方の鼻を削いで手柄にした奴もいたらしい。

しかし、それにしても、想像するとものすごい光景だ。そこら中で、首を切ったり、鼻を削ぎ落としたりしているわけだから。そのまま映画にしたら、ほとんど首狩り族の戦争だ。いや、実際にそうだったのだから、日本人は首狩り族だったわけだ。

それが戦国時代の、戦争における道徳だった。

今ならいくら戦争だって、ジュネーブ条約を持ち出すまでもなく、そんな行為は許されない。万が一そんなことをしたら、国際社会は袋叩きにするだろう。

もっとも、空襲だの原爆だので、何十万人という民間人を殺すのと、どっちが残虐か、なぜ国際社会は批難しないのかと戦国時代の武将に切り返されたら、おそらく言葉はないだろうけれど。

道徳は時代によって変わる。

誰が変えるのかといえば、もちろん力を持っている奴だ。

また戦国時代の話だが、織田信長の支配していた尾張や岐阜は、治安が素晴らしく良くて、旅人が街道で野宿をしても泥棒にあうことはなかったという。それは信長が領内を厳しく治めたからで、つまり彼は庶民に徹底的に「道徳」を課したわけだ。

だけど、信長自身はそういう「道徳」には縛られなかった。坊さんだってなんだって、逆らえば皆殺し。もちろん信長なりに理屈はあったんだろうけれど、結局のところ、最高の権力者はどんな道徳にも縛られないのだ。

戦国時代だけの話ではなくて、現代だってよく考えれば同じことだ。

アメリカは世界の警察だなんていっているけれど、誰がそれを認めたのか。いや、それは、日本を含めて同盟国は認めているかもしれないけれど、攻撃される側の国はちっともそんなこと認めていないわけだ。それなのに、強引にそういうことをやっているのは、つまりアメリカにそれだけの力があるからなわけで、それは今も昔も変わらない。

道徳なんてものは、権力者の都合でいくらでも変わる。

少なくとも、いつの時代も、どんな人間にとっても通用する、絶対的な道徳はないっていうことは間違いない。それだけは頭に入れておいた方がいい。

# 05

# 道徳は人間関係を円滑にするための技術だ。

そう考えれば、つまり道徳は、自分が生きている社会の中で、都合良く生きていくためのひとつのルール、あるいは都合良く生きる術《すべ》でしかないということになる。

道徳と良心を混同してはいけない。

道徳と良心は、別のものだ。

芥川龍之介がいったように「良心は道徳を造るかも知れぬ。しかし道徳は未だ嘗て、良心の良の字も造ったことはない」のだ。

だから、勘違いしないでほしい。良心は技術だなんてことをいっているわけではない。俺はあくまでも道徳の話をしている。

たとえば、道徳の教科書で、小学一年生に真っ先に教えるあいさつにしても。

朝、誰かに会ったら、「おはようございます」とあいさつしましょう。あいさつをすると、自分も相手もいい気持ちになる。円滑な人間関係のためには、まずあいさつを憶えましょう、というわけだ。

それは、間違っていない。俺も、弟子にはあいさつと礼儀だけは、厳しく教える。だけどそうするのは、弟子を良心的な人間にしようとしているからではない。

芸人として生きていくには、円滑な人間関係は欠かせない。だから、あいさつはきちんとしなきゃいけないと教える。それは、弟子の良心とはなんの関係もないことだ。

良心は人間にとって大切なものだと思うけれど、あいさつをいくらしたって、良心が発達するわけではない。

たしかに、朝誰かに会って、「おはよう」とあいさつをかわすのは、いい習慣だと思う。気持ちのいいあいさつをされると、なぜだかわからないが、世界がその分だけ優しくなったような感じがする。

外国に行ったときに感じるのは、特に欧米人は、日本人よりも頻繁にあいさつをかわすということだ。ホテルなんかで、朝すれ違うとき、ぜんぜん知らない同士なのに、「モーニング」なんて声をかけ合う。エレベーターに乗り合わせても、目が合うと「ハイ!」なんていう。

あれは悪くない。「さすが外国人。日本人とは違うなあ」と、はじめて外国に行ったときには思ったものだ。

だけど、よく考えてみれば、あれはある種のメッセージというか、自分の身を守るための技術なんだと思う。握手というのは、元々は右手に武器を隠し持っていませんよと相手に伝えるためだという話があるけれど、欧米でのあいさつはそれに似ている気がする。

あいさつをすることで、「自分は危険人物じゃないですよ。泥棒でもひったくりでもない、普通のいい人ですよ」ということをお互いに伝え合っているのだ。

エレベーターの中であいさつをされたときに、何も言葉を返さず、笑いもせず、じっと相手を見つめたら、たちまち不穏な空気が流れるに違いない。「あれ、こいつ危険な人間かもしれない」と、身構える奴もいるだろう。危ない目にあわないように、エレベーターを降りてしまう人だっているかもしれない。

つまり欧米では、見知らぬ人間は、基本的には自分に危険をおよぼす可能性のある人間だというのが前提で、そうではないということを相手に示すために、あいさつをしているんじゃないだろうか。いや、あくまでもそれは、俺がそう感じるということだけど。

日本でのあいさつの意味は、ちょっと違う気がする。

日本人にとってのあいさつは、相手を知っているとか、自分は相手よりも目下だとか、目上だとかを確認するためにするものという意味合いが強い。だから、見知らぬ相手とは、基本的にあいさつをかわさない。日本は治安がいいから、通りの向こうから歩いてくる人間を警戒する必要がないっていう事情もあるだろうけれど。

日本でも、場所によっては見知らぬ者同士でも、あいさつをかわす。

たとえば、山登りなんかですれ違うとき。人里離れた山奥で、向こうから見知らぬ人間がやってきたら、誰だってちょっと警戒するだろう。その警戒を解くために、山の中じゃ知らない人同士でもあいさつをかわすんじゃなかろうか。もちろんそうすることで、同じ山に登っている仲間だっていう親愛の情をかわしたり、互いの無事を確認する意味もあるんだろうけれど。

どちらにしても、あいさつは人間関係を円滑にするためのひとつの技術だ。

そう割り切ってしまった方が、子どもたちも道徳の授業をもう少し真剣に聞くようになるかもしれない。良心を育てるために、道徳の授業があるわけではない。

道徳を身につけるのは、人生を生きやすくするためなのだ。

# 06

## 他人が幸運に恵まれると、なんとなく不道徳な感じがするのは、勤勉の道徳が骨の髄まで染み込んでいるからだ。

その昔、芸人の身分は河原乞食なんていって、社会の最下層に置かれていた。権力者からしてみれば、芸人は自分の好きなことをやって金をとっているわけだから、こんな卑しい奴はいないということだったのだろう。

江戸時代の身分制は士農工商だけど、芸人の身分はその下だ。武士は支配階級だから別として、農も工も商も、なんらかの形で社会の生産活動に奉仕している。ところが、芸人はそういう生産的なことは何もやっていない。

唄ったり踊ったり好きなことをして金を稼ぐなんて職業を認めて、みんなが芸人になってしまったら、世の中は大変なことになる。だから、せめて身分を低くして、歯止めをかけようとしたんだろう。非生産的な、遊んで暮らしているような奴は、不道徳だということになっていた。

そのくせ、支配階級には、芸事が大好きな人がたくさんいた。昔のお殿様は、能楽師だの狂言師を城に呼びつけては、よく興業をさせた。もちろん自分が楽しむためだ。遊びをせんとや生まれけむ。子どものときのように、ずっと遊んで暮らせたらこんな楽しいことはない。

芸人を身分的に下に落としたのは、だから嫉妬もかなりあったような気がする。自分たちは戦だ政治だって命をすり減らして働いているのに、こいつらはこんな面白いことばっかりして生きている。そういう生活が、本音では羨ましかったんじゃないか。

裏を返せば、生産的な活動をせずに、自分の好きなことだけをやる人生がいちばんいい人生ということになる。

今は身分制度なんてものはなくなったし、金を持っているのがいちばん偉いっていう時代だから、芸人が差別されることはない。テレビだのラジオだののおかげで、昔に較べれば金を稼げるようになったからだ。幸運に恵まれればの話だけれど、成功して金を稼げば尊敬すらされる。

権力者の嫉妬ということもあっただろうけれど、非生産的な仕事が蔑視されたのは、社会の生産性が低かったせいもあったはずだ。みんなが喰うや喰わずで働いている社会で、好きなことだけやってぶらぶらしている奴がいたら、憎まれるに決まっている。

一所懸命働くのが偉かったのは、みんなが一所懸命に働かなければ、社会が成り立たなかったからだ。

何度も例に出すけれど、アリとキリギリスの話は、そういう時代の道徳だろう。額に汗して、コツコツ働く奴が偉い。ふらふら遊んでいる奴は、いつか酷い目にあうという教訓は、世の中が貧しいほど信憑性が高くなる。冬の時代はアリの価値が高いのだ。

下手をすると芸人が憧れの職業になった現代は、つまり夏の時代ってことだろう。

日本が急激に経済成長して世界から目の敵にされた時代には、日本人は働きバチなんて揶揄《やゆ》されていた。日本人が働きすぎて、世界経済のバランスを壊したからだ。

自分たちは何週間もバカンスをとって、一年間のある時期はちゃんと非生産的なことをやっている。ところが日本人は一年中、朝から晩まで働いている。おかげで俺たちは迷惑してる。働きすぎは不道徳だ、っていう論理の筋道だった。

日本が長い不景気の時代に入ってからは、そういうことはいわれなくなった。非正規雇用だの長時間労働が日本国内では問題になっているけれど、それで日本が大儲けしているわけではないから、外国から叩かれることもなくなった。

そのせいかどうかわからないけれど、今でも日本にはコツコツ一所懸命働くのが偉いという道徳観が残っている。芸人が蔑まれることはなくなったけれど、権力者が芸人の身分を最下層に置いた時代の道徳は、今も健在だ。芸人の逸話にしても、夢を諦めずに長い貧乏な下積み時代に耐えて、ようやく成功したなんて話が好まれるのはそのせいだろう。

だけど、勤勉だの勤労だのが道徳なのは、ほんとうのところ、誰のためなんだろうか。

他人のことではなく、自分のこととして考えてみるとよくわかる。

ふたつの人生があって、ひとつを選ばなきゃいけないとする。

Ａの人生は、20歳で１００億円の宝くじに当たって、一生遊んで暮らせる。

Ｂの人生は、20歳で公務員になって、60歳の定年までコツコツ働ける。

よほどの仕事好きでもなければ、Ａの人生を選ぶに違いない。

自分は違うという人もいるかもしれないが、それなら100億円の宝くじが当ったとして、それを捨てますか？　という質問に変えてもいい。

自分のことなら、遊んで暮らせるのは別に悪いことでもなんでもない。ところが他人がそういう幸運に恵まれると、なんとなく不道徳な感じがするのは、勤勉の道徳が骨の髄《ずい》まで染み込んでいるからだ。

ギリシャ時代は民主主義だったなんていうけれど、あれは市民が一種の貴族だったからだ。労働は奴隷にすべて任せて、市民は働かなかった。医者のような仕事でさえ、奴隷にやらせていた。労働するのは、卑しい身分ということになっていた。

勤労が道徳なのは、権力者が楽をするための決め事なのだ。

いろんな理屈をつけてはいるが、要するに自分は働かずに人を働かせるために、勤労は道徳だってことにしたわけだ。

いつの時代も、権力者は人を働かせたがる。今もそれは変わらない。

# 第四章　道徳は自分で作る

# 01

## 昔ながらの精神主義は、働きアリを作るのには都合がいいかもしれない。けれど、今の社会に必要な柔軟な想像力を育てるのには向いていない。

今の道徳教育が上手くいっていないのは、要するに大人たちが道徳について真面目に考えていないからだ。

そもそも道徳とは何かということについて、大人の間でコンセンサスができていない。にもかかわらず、俺たちにはなんの相談もなしに、いつの間にか道徳の教材なんてものが作られていて、学校の先生はそれに従って道徳の授業をやっている。

その道徳教育の中身というのが、子どもの成長に役立つように見えないのは、ここまで散々書いてきた通りだ。道徳の教材を何回めくってみても腑に落ちない。「規則正しく気持ちの良い毎日を」とか「よく考えて節度ある生活を」とか「役割と責任を自覚し集団生活の向上を」とか……。何気なく読み飛ばしてしまえば、何が悪いのかわからないかもしれない。机だのロッカーの中だのを整理整頓しようとか、早寝早起きをしようとか、親の手伝いをしようとか、これだけ見れば何も悪いことはないと思うかもしれない。

親にとっても、ロッカーだの本棚だのがきちんと整理できる子どもは、いい子どもかもしれない。朝は早起き、夜は早寝、親のいうことをよく聞いて、勉強をちゃんとやって、ついでに年寄りには親切で、誰にいわれずともゴミを拾うなら、きっと自慢の子どもなのだろう。

ただ、俺は疑問に思う。いい子どもかもしれないけれど、それは教師や親にとって都合のいい子どもというだけのことなんじゃないか。

整理整頓だの規則正しい生活が悪いというわけじゃない。俺は掃除が大好きだ。何回もいうけれど、飲み屋の便所が汚れていたら掃除をせずにはいられない。

だからといって、世の中の子どもたち全員にそれを押しつけるような教育が正しいとは思わない。なぜなら、世の中には、いろんなタイプの子どもがいるからだ。

整理整頓が得意な子どももいるだろう。だけど、そういうことがまったく性に合わない子どももいる。捕まえてきたトンボだのコオロギの死骸をロッカーに突っ込んでおく子どもを、道徳の教科書に照らし合わせて叱ってはいけないと俺は思うのだ。

それは子どもの好奇心の芽を摘み取るのと一緒だ。

トム・ソーヤじゃないけれど、男の子のポケットには、ガラス瓶の欠片《かけら》だのかんしゃく玉だの犬の首輪だの、いろんなものが詰め込まれているものなのだ。もちろん、綺麗に折りたたまれたハンカチと鼻紙しか入っていない子もいるだろう。どちらも正しい個性だ。

いろんな子どもがいるのに、そんなことにはお構いなく、ひとつの価値観だけを押しつける。まるでブルドーザーのように、子どもたちの個性をなぎ倒す。

そういう社会からは、長嶋茂雄さんやイチローは生まれてこない。道徳の教科書は昆虫記のファーブルを偉人の一人として取り上げているけれど、ファーブルだって今の世に生まれていたらきっと酷い目にあうに違いない。

ファーブルは昆虫の研究一筋に打ち込んだから偉いってことになっているけれど、そうではなくて、彼は他のすべてを放り出して虫ばかり追いかけていた。ファーブルの机の中もきっと、捕ってきた虫でいっぱいになっていたに決まっている。

しかし、今の道徳の教材によれば、それは「不道徳」ってことになる。

机の中がぐちゃぐちゃな子どもがいたって、そんなに目くじらを立てちゃいけない。まして、すべての子どもに、道徳教育という名目で、規則正しい生活だの整理整頓だのを押しつけるのはどう考えたって間違っている。それは、道徳とはまったく別問題だ。

机の中に捕ってきた虫を片っ端から詰め込んでいた子どもだって、そのまま成長して昆虫学者にでもなれば、虫を標本にして整理するようになるかもしれない。それが必要なら、自分から整理整頓するようになるのだ。整理整頓なんてものは、自分からやろうと思わなければ意味がない。

ファーブルはこういった。

「自由は秩序を作り、強制は無秩序を生む」

秩序は大切なものかもしれないけれど、それは強制して作り出すものじゃない。掃除は自分がやろうと思ってやらなければ、ただの強制労働でしかない。

今の道徳教育は、下手をするとその強制労働に近いことを子どもに強いているんじゃないか。

昔ながらの精神主義は、働きアリを作るのには都合がいいかもしれない。けれど、今の社会に必要な柔軟な想像力を育てるのには向いていない、と俺は思う。

# 02

## 鳥が空を飛べるのは、何かの法則に従ったからではない。

今の道徳の教材は、栄養学が導入される前の、パンを喰えば頭が良くなるとかいっていた時代の、出来の悪い給食みたいなものだ。

昔の給食は、アレルギーのことなんて何も考えていなかった。給食を残すと怒られて、昼休みになっても全部食べ終えるまで遊ばせてもらえなかったくらいだ。

ところが食品アレルギーのある子どもが、給食後にアナフィラキシーショックで亡くなる事故が起きて、学校側も給食の献立を考え直すようになった。小麦粉だの牛乳だのピーナッツだの、さまざまなアレルギーを持つ子どもがいることがわかって、全員に同じ給食を出すのは非科学的だということになったわけだ。だから今では、アレルギー対応の献立がある。

道徳だって同じはずだ。道徳というのは、つまり心の栄養みたいなものだろう。食物アレルギーがあるように、心の栄養だって、合う子と合わない子がいるはずだ。

早い話が、「親のいうことは聞こう」という道徳だって、誰にでもあてはまるわけじゃない。教室の中には親のいない子もいるかもしれない。親の虐待やネグレクトを受けて、心に傷を負っている子だっているかもわからない。そういうトラウマを負った子が立ち直るには、自分の親が悪い人間だと気づく必要があるという話を聞いたことがある。親のいうことを聞きなさいなんて教えは、そういう子の傷を深くする可能性さえあるのだ。

早寝早起きにしても、身の回りを整理整頓するにしても、いろんな理由で実行するのが難しい子どももはいるはずだ。自閉症の子が飛び跳ねたり騒いだりするのには、ちゃんとした理由がある。むしろそういうことを、子どもたちに教えるのが道徳の役割であるはずだ。

人間は一人ひとりみんな違う。自分とは違う人間で世界は成り立っている。ただ、ひとつだけ誰にでもあてはまることは、みんな幸せになりたいと思っているということだけだ。

「ほんとうの意味で、傷つきたいと思っている人は一人もいない。だから、自分が傷つきたくないなら、他の人を傷つけるのはやめよう」

教室の子どもたち全員に教えていい道徳は、これくらいしかないんじゃないか。

それを、軍隊か何かを鍛えるように、子どもに規律を身につけさせるとか、公共心を芽生えさせるなんて目的で、すべての子に一律に同じ道徳を押しつけてはいけない。

子どもの心の成長に関しては、発達心理学だの児童心理学だの、いろんな科学的な研究成果が出ているはずだ。どうしても子どもに道徳を教えたいなら、そういうものをもっと研究して、それから新しい道徳を作った方がいいんじゃないか。整理整頓だの規則正しい生活だのが子どもの成長にとって大切だというなら、すべての子どもの成長に、そういうことが必要なのかどうかをまず検証してみてはどうか。

道徳は将来の理想的な国民を育成するための道具ではないはずだ。一にも二にも、子どもの成長や発達のためのものだろう。今の道徳教育は、子どもはこうあらねばならないという型がまずあって、その型にむりやり子どもを押し込めようとしているみたいだ。

それでは順序が逆だ。

翼はこれくらいのサイズでなきゃいけないとか、骨はこのくらいの重さでとか、そういうルールがはじめからあって、それに合わせて鳥は進化したわけじゃない。

鳥は進化した結果、飛べるようになったのだ。空を飛びたいなら、鳥のカラダの構造を研究して、なぜ飛べるのかを知るっていうのが順序だろう。

新幹線のパンタグラフには、ほとんど音をたてずに飛ぶフクロウの風切り羽根の形状を研究してつけたギザギザがついている。最近の新幹線の先端が変わった形をしているのも、カワセミのくちばしにヒントを得た工夫だそうだ。新幹線が高速でトンネルに進入するときの衝撃を和らげる効果が、あの形状にはある。

ルールや法則は先にあるのではなくて、あとからくっついてくるものだ。

フクロウやカワセミを研究するように、本田宗一郎やガンジーやスティーブ・ジョブズの子ども時代の研究をいっぺん真面目にやってみたらいい。世の中のためになるすごい発明や発見をした人とか、社会に大きな貢献をした人とか、誰からも尊敬される人格者とか、とにかく立派な人のサンプルを集めて、そういう人がどんな子ども時代を送ったか、なぜ偉大な人になれたのかを研究して、その成果を道徳教育に反映させせたらどうだろう。

もっとも、結果はなんとなく見える気がする。大きなことを成し遂げた人間が、真面目で親や先生のいうことをよく聞いて子ども時代を過ごしたなんて話はひとつも聞いたことがない。

規則正しく真面目な生活をなんて道徳は、社会の敷いたレールに乗っかったまま人生を終えるような人間になるためのものでしかない。

いや、そういう人生が悪いとはいわない。

でも、そういう人間ばかり作って今更どうしようっていうんだろう。

# 03

# 友だちが一人もいなくたって、幸せに生きてる奴はたくさんいる。

同じ話だけれど、道徳の教材でもうひとつ気になるのは、やたらと友情の価値を押しつけるところだ。

いじめの問題があって、それをなんとかしようということなんだろうが、浅はかな考えだ。

「友だちがいると楽しい」とか「友だちに助けられた話」とか「友だちがいるとこんないいことがある」とか、例によっていろんな友だちの効能が道徳の教材には書いてある。

まず、それが打算だろう。ほんとうに友だちがいる奴が書いたのか。

友だちを助けるのは、いつか自分が助けてもらうためではない。友だちが好きだから、助けるだけのことだ。友だちを助けることで、自分が不利益をこうむったとしても、それでも助ける。それがほんとうの友だちってものだ。

『走れメロス』は王様が改心したからいいようなもので、もし王様がもっと血も涙もない奴だったら、下手すると二人とも殺されていただろう。

友だちがいてよかったなっていうのはあとから思う話であって、友だちなんてものは何かの目的のために作るものではない。

だいたい、役に立つからって友だちを作るような奴と、誰が本気で友だちになりたいだろうか。そうでもしなきゃ、今の子どもはなかなか友だちを作ろうとしないのか。

友だちなんて、無理して作らなくたっていい。

友だちが一人もいなくたって、幸せに生きている奴はいくらでもいる。

ところが道徳の本を読んでいると、友だちがいないと幸福にはなれないような気分になる。友だちを作れない人間は、まるで問題があるかのようだ。

そういう教育をしているから、友だちを作ることが強迫観念になって、なんとか仲間はずれにならないように涙ぐましい努力をする子どもが出てくる。子どものイジメが増えた原因も、案外そんなところにある気がする。

大学の学食で、一人で飯を喰っているところを見られたくないばかりに、トイレでモノを喰う学生がいるなんてことが話題になった。それもそういう道徳教育の延長にあるんじゃないか。

道徳の教育で教えるべきなのは、むしろ無理して友だちなんて作らなくても、人は十分に幸せに生きていけるということだ。

恋人がそうであるように、友だちは誰かに強制されて作るものじゃない。

それとも、少子化で結婚するカップルがもっと減ったら、道徳の授業で、「恋人はいいもんだ」なんて教えることになるんだろうか。

# 04

## 生涯熱中できる趣味があれば、歳をとってから、わけのわからない犯罪を犯す確率はかなり減る。

これはよくいっていることだけど、人生に目的なんてなくていいと俺は思う。

道徳の本には、人生の目的を見つけろなんて書いてあるけれど、そういうことを真に受けるとロクなことにならない。会社に入ったからには、課長になって、部長になって……と、ねじり鉢巻きで頑張って、定年を迎えたら、やりたいことがなくなったなんて人生を送りたいならそれもいい。

それは会社のためにはなるだろうけれど、そんなに会社に尽くしてどうするのか。終身雇用で老後の生活まで全部を面倒見てくれるっていう、昔気質《かたぎ》の会社ならそれもいいかもしれない。今だって、どこかにはきっとそういう会社もあるに違いない。

だけど、ほとんどの企業は、世の中が変わったら手のひらを返したように、能力主義だのなんだのいって昔ながらの方針を撤回してしまった。全部とはいわないけれど、企業なんてだいたいそんなものだ。そりゃ社長や重役になれば、何かいいことはあるのかもしれないけれど、そういう見込みがないなら、下手な忠誠心なんて持たない方がいい。

よくリタイアしてから趣味を見つければいいなんていっている奴がいるけれど、そんなものが見つかるわけがない。いちばんやらなきゃいけないときに、やってないんだから。

なんでもそうだが、習い始めてから本格的にそれを楽しめるようになるまでには、それなりに時間と労力がかかる。年寄りにはそんな時間も体力も残されていない。若いときに始めなければ、趣味がほんとうに面白いというレベルに達するのは難しいのだ。

絵だって釣りだってなんだってそうだ。修練を積まなければ、ほんとうの面白さはわからない。歳をとってから始めても、それこそ年寄りの冷や水になるのがオチだ。

老後に趣味があれば、たしかに楽しい人生を送れるだろう。だけど、そのためには若いときから何かに夢中になって、引退する頃には名人くらいになってなきゃいけない。

　三度の飯より釣りが好きという奴はたくさんいるけれど、そういう奴はだいたい現役時代からなんだかんだと時間をひねり出して、親だの親戚だのを何回も殺して「葬式です」なんて嘘をつきながら、海だの川だのに通っていたりするものだ。涙ぐましい努力があって、はじめて釣りが老後のほんとうの趣味になる。

　いい歳をした教師が少女の裸の写真を何千枚も集めてたとか、警官がストーカー事件を起こして逮捕されたとか、妙な事件がときどきニュースになる。

　教師とか警官とか、そういうことを絶対にしちゃいけない職業の人間がそれをやったというのでニュースになるわけで、普通のいい歳をした大人がやった似たような犯罪はもっと山ほどあるのだろう。氷山の一角というやつだ。

　昔だってそういう趣味のあるいい歳をした大人はいたに違いないけれど、今の世の中はそういう大人が増えているらしい。他にやることがないからそういうことに熱中する。つまり無趣味のせいだ。それが会社だの学校だのに、忠誠を尽くした結果だとしたらとても哀しい。

　自分の人生は自分で楽しくしなきゃいけない。

人生の目的があるなら、それを追求すればいい。だけど、それがないなら、無理をして人生の目的を探すことなんてない。中途半端な会社人間になるのがオチだ。そんなことより、若いうちから自分が生涯打ち込める趣味を見つけておいた方がいい。人生の目的を探すんじゃなくて、自分が一生夢中になれるものを見つけるのだ。それがあれば、歳をとってからわけのわからない犯罪を犯す確率だってかなり減るんじゃないか。

そういう俺も、今やオネエチャンの尻を追いかけるより、絵を描いている方がずっと楽しい。

下手な道徳を教えるより、犯罪抑止にはそっちの方がよほど効果がありそうだ。何よりその方が社会の精神性は豊かになるだろう。日本人全員が、生涯夢中になれる趣味を持ったら、経済効果だってバカにならないんじゃないか。

経済効果なんて言葉は嫌いだけど。

# 05

## 二の次だったかもしれない。自由が欲しかった。成功するとかしないとかは、のたれ死にする覚悟をしてまでも

これまでの人生でいくつもの決断をしてきたけれど、いちばん大きかったのは、やっぱり大学を中退するという決断だった。

大学を辞めて、俺は芸人の世界に飛び込んだ。それは、俺にとっては、群れから飛び出すということで、自殺するにも等しい決断だった。

それまでの俺は、いろいろありはしたけれど、結局のところは母親のいうことに従って、自分はこの社会という群れの中で生きていくものだとばかり思っていた。

道徳の話に引き寄せていえば、それまでの俺は母親の道徳観の中で生きていた。

大学を辞めることを自分で決めたとき、俺はその母親の道徳観から飛び出したのだ。

自殺するにも等しいと書いたけれど、ほんとうにあのときはそれくらいの覚悟が

必要だった。浅草でのたれ死にしてもいいと、本気で思っていた。

芸人ならのたれ死にしても格好いいやなんてうそぶいていたけれど、内心はそんな格好いいものではなかった。ただ、今でも忘れられないのは、そうすると心に決めたとき、見上げた空がほんとうに高くて広かったってことだ。ああ俺は、こんなに自由だったんだなあって思った。

子どもはなんだかんだいって、親や学校に教わった道徳観の下で生きている。大人になるということは、その誰か他の人が作ってくれた道徳の傘の下から出て、自分なりの価値観で生きる決断をするということだと思う。

のたれ死にする覚悟をしたくらいだから、成功する保証なんてどこにもない。いや、成功するなんて思ってもいなかった。死ぬ気で飛び出したら、なんとか生きのびたというだけの話だ。

だから、読者も群れから飛び出してみたらいい、とはいわない。

どう考えても、失敗する可能性の方がずっと大きいわけだから。

のたれ死にしなかったのは、ほんとうに奇跡みたいなものだ。それは俺が時代と幸運に恵まれたというだけのことだ。他の人に真似してみろとはとてもいえない。

ただ、群れから飛び出したおかげで、群れの中にいるよりはいろんなことが見えるようになった。そんなに遠くまで飛び出したわけじゃない。群れのちょっとだけ上、全体の動きが群れの中にいる奴よりもちょっとだけよく見えるという位置だ。芸人には、それがぴったりのポジションだ。

あんまり離れてしまうと、俺が何をいっているか、群れの中の住人にはよく理解できなくなる。芸術家くらいなら、それくらいの位置取りがいいかもしれない。ただ、あんまり離れすぎると、飯を喰うのが大変になるというところはよく似ている。だから俺は群れのほんの少し上……か、横か下か知らないが、ちょっとだけ離れたところをつかず離れずで泳いでいる。

小魚が群れを作るのは、大きな魚に喰われる確率を減らすためだ。群れから離れていれば、ほんとうなら真っ先に大きな魚に喰われそうなものだが、幸運なのかなんなのか、なんとか今まで喰われずにやってきた。

小魚の群れに近づいてくる大きな魚には、一匹の小魚は目に入らなかったのかもしれない。

まあ、とにかくそういうわけで、俺が偉そうにいろんなことをいえるのも、群れを飛び出したからではある。読者には勧めないといったけれど、のたれ死にするほんとうの覚悟のある奴が、群れを飛び出すのを邪魔するつもりはない。

何度でもいうけれど、成功する保証はまったくない。

はっきりいえば、ほとんど成功しないだろう。そんなことは当たり前だ。芸人は何千人もいるのに、まともに喰える奴はほんの一握りなんだから。

ただ、成功はしなくても、自分の頭上の、何もない、高くて広い空を見上げることはできる。

もう一回この世に生まれたら、のたれ死にすることになっても、あの空を見上げるためだけに、やっぱり俺は群れを飛び出すと思う。

格好つけているのではなく、のたれ死にしてもいいやと思えるなら、なんでもやれるというだけのことなんだけれど。

# 06

## 向上心のある芸人は、自然にこの世界の掟を身につける。上に行こうとする奴は、放っておいても道徳的になる。

「食い物が旨いとか不味《まず》いとかいうのは下品だ」

母親にそういわれて育ったせいで、俺にもそういう感覚が染みついているけれど、その「道徳」を他人に押しつけるつもりはない。自分の子どもにだって、そんなことはいわない。

道徳は他人に押しつけたり、押しつけられたりするものではないのだ。

もちろん親として、自分の子どもに最低限の道徳は身につけさせたいとは思う。

ただ、それはあくまでも最低限のことだけだ。

子どもが悪いことをしているのに、気づいていなかったら、それは教えてやる。

なぜそれがいけないのかを、話して聞かせればたいていは理解する。

人としてどうしても許せないことをしたら叱るけれど、そういう機会はめったにない。子どもだってバカじゃない。ある程度の年齢になれば、親の前でそんな悪さをすることはまずない。

最低限のことしか教えないのは、どんなに厳しく道徳を躾けたところで、子どもが自分からそう思わなきゃ意味はないからだ。

結局のところ、道徳は自分で身につけるものなのだ。

どんな道徳を身につけるかは、人によって違うだろうけれど。

たとえば、俺は弟子にも最低限のことしかいわない。理由は同じだ。

最低限というのは、あいさつと礼儀だ。芸人の世界は縦社会だ。自分より先にこの世界に入った人は先輩として立てなくてはいけない。

それから相手がいくら年下でも、仕事をする以上は最低限の礼儀がある。テレビの製作現場では、若いＡＤがディレクターやプロデューサーにこき使われている。そのディレクターやプロデューサーは、俺たち芸人のことを大事にしてくれる。それで、ときどき勘違いする弟子がいる。自分まで偉くなったつもりで、ＡＤにぞんざいな口をきいたりする。そういうことだけは絶対にやっちゃいけないよ、と教える。

それくらいの必要最低限のことを教えたら、あとは放っておく。

冷たいようだけど、それ以上は本人が努力するしかない。

不思議なもので、成功する芸人は例外なく、あいさつをきちんとするし、それなりの礼儀もわきまえているものだ。人当たりもいいし、ＡＤに横柄な態度をとることもない。

芸人には芸人の道徳ってものがあるわけだけれど、それを細かく教える必要はないし、教えたってなかなか身につくものじゃない。

ところが、向上心があれば、そういうものは自然に身につく。

芸人に限らず、どの世界でも成功する人間は、だいたいそういうもんだろう。

人間社会の中で、上に行こうとする奴は、放っておいても道徳的になる。

そうでないと、上には行けない。

# 07

# 昔の人は、道徳なんて言葉は使わなかったけれど、自分の哲学で自分の行動を律していた。

芸人には芸人の道徳があるように、バーテンダーにはバーテンダーの道徳が、サラリーマンにはサラリーマンの道徳がある。

道徳は本来、人それぞれで微妙に違うものだ。

人それぞれなんだから、道徳は自分で作るに限る。

誰かに押しつけられた道徳に、唯々諾々と従う必要はない。時代を作る人は、いつだって古い道徳を打ち壊してきた。新しい世界を作るということは、新しい道徳を作ることだ。

道徳は、ベビーサークルのようなものだ。その中にいれば、赤ん坊は安全だ。けれど、ベビーサークルを出ない限り、赤ん坊はいつまでも赤ん坊のままだ。繭《まゆ》に守られたサナギは安全だけど、繭を破って出ない限り、サナギはいつまでもサナギでしかない。

前にも書いたように、道徳は人間をある範囲の中に縛り付け、支配の枠組みの中に組み込んでおくためのものだ。従順で、素直な国民のためのベビーサークルだ。その中にいる限り、周囲と摩擦を引き起こすことなく、安全に快適にしていられる。多少の不自由さは感じるにしても。

けれど、その内側にいる限り、新しいことはできない。

キリストがなぜ磔《はりつけ》になったかといえば、それは結局、古い道徳をぶっ壊して、新しい道徳を作ったからだ。

汝《なんじ》の敵を愛せよと、キリストはいった。ローマ帝国に支配された当時のユダヤ人にとって、それは過激な思想だったに違いない。いや、今現在だって、十分に過激かもしれない。

過激な道徳を作れというわけではないけれど、どこかの誰かに押しつけられた道徳じゃなくて、自分なりの道徳で生きた方がよほど格好いい。

高倉健さんは格好良かったけれど、あれはあの人が高倉健という人間を演じたからだ。

それが彼の、いうなれば道徳だった。
自分なりの道徳とはつまり、自分がどう生きるかという原則だ。
昔の人にはそれがあった。
道徳なんて言葉は使わなかったけれど、自分の哲学で自分の行動を律していた。
今の大人たちの性根が据《す》わっていないのは、道徳を人まかせにしているからだ。
それは、自分の人生を人まかせにするってことだと思う。

# 08 神様とは関係なしに、自分の道徳で生きていけばいい。

近頃は、女なんてもういいかなって感じがしている。

若いときは、いろいろあった。

そうはいっても、天秤にかければ、お笑いが上手くいってないときは、女に目がいかない。お笑いが上手くいっていると、目がいくんだけど。それがこのところ、仕事が上手くいっていても、ちっとも女に目がいかない。もう仕事だけでいいかな、なんて思うようになった。

カミさんからしたら勝手な話かもしれないけれど。

俺はカミさんが「離婚したい」っていったら、すぐに離婚することにしている。

だけど俺の方から、カミさんに離婚しようというつもりはない。

俺はやりたいようにやるけれど、そういう俺の妻でいたいという限り、妻の座はいつまでもカミさんのものだ。収入は全部真っ直ぐカミさんの口座に入るようになっている。自分がいくら稼いでいるのか、まったくわからない。俺はカミさんから、小遣いをもらって生活している。その小遣いがあんまり少ないので、「いい加減にしろ」って文句いったことはあるけれど。

「よくそんなことができるなあ」と、いろんな人にいわれる。自分でもそう思う。だけど、それは自分が売れていなかったときのことを考えれば、当然だと思う。売れたからって、急に偉そうにするわけにはいかない。お互いに苦労してるんだから。

半分はカミさんの力というか、当然の権利だろうと思う。この人は、俺が稼いだ金の半分の権利を持っているわけだ。だから、全部渡す。俺が稼いで、カミさんが管理する。それが公平でいいんじゃないか。金の管理が面倒だからまかせているということもあるけれど。俺が管理していたら、たぶん今頃スッカラカンになってるに決まっている。

口はばったいけれど、それがいうなれば俺の道徳だ。

いや、これは俺の側から見た話で、カミさんにしたら、そんな格好いい話じゃないだろうってことになるかもしれない。とにかく稼ぎは全額渡すけれど、俺は好き勝手にやらせてもらっているわけだから。最近は、自宅にもめったに寄りつかない。カミさんともほとんど会ってない。

夫婦は死ぬまで仲良く一緒に暮らすべきだって道徳の持ち主からしたら、酷い奴だということになる。もし俺がクリスチャンだったら、とんでもないだろう。だけど俺は、キリスト教徒でもイスラム教徒でもない。だから、神様とは関係なしに、自分の道徳で生きていけばいいと思っている。悪い道徳かもしれないけれど。

「女遊びなんて、するに決まってんじゃねえか」みたいな。

世間的にはあんまり認められない道徳だろうけれど、そんなことはどうでもいい。当然その道徳には、「これだけはしない」とか「カミさんの権利は守る」とか、自由にやっている分だけ、自分を縛るルールも入っているのだ。

どこかで何かに歯止めをかけるのが、道徳の役割だ。

そうでなければ、何をやってもいいってことになって、面白くもなんともない。野球だってサッカーだって、ルールがあるから面白い。人生も同じだ。

ここまでずっと書いてきたように、道徳なんてものは人によって立場によって、いろいろあるわけだ。大事なのは、どんな道徳であっても、自分の決めた道徳はきっちり守ることだと俺は思う。この本は、道徳についての本だから、道徳って言葉を使うけれど、それはルールといっても規則といってもなんでもいい。とにかく、自分なりの決め事を作って、それを守ることだ。

他人の作った道徳が、すとんと自分の胸に落ちるならそれを守ればいい。けれど、そうじゃないなら、守ることができるかどうかわからない道徳を抱えて生きるよりも、自分なりに筋の通った道徳を作って、それをきっちり守った方がいい。

道徳なんて必要ないというつもりはない。

人間として生きるには、やっぱり道徳はあった方がいい。

ただし、他人の作った道徳に鼻面つかまれて引っ張り回される必要はない。

道徳は、自分で作るに限る。

どうやって作るかわからなきゃ、とりあえず道徳の本を読んでみたらいい。

学校で使っている道徳の教材にいろいろ文句をつけてきたけれど、少なくともあの教材は自分なりの道徳を作る手本にはなる。

# 第五章　人類は道徳的に堕落したのか？

# 01

# 周囲の自然に感謝して生きていけばなんとかなるという発想が、日本人の思想の根っこにある。

難しい交渉ごとをする場合、どちらが正しいかよりも重要なことがある。相手のいうことにも理があると気づくこと、自分が間違っている可能性を検討することだ。

昔から「盗人にも三分の理」という。どんな悪党のいうことにも、多少の理屈はあるということだ。誰かと誰かが喧嘩をする。それぞれに言い分があるわけだけれど、どちらか一方が100パーセント正しくて、もう一方は100パーセント間違っているなんてことは、まずない。

だから江戸時代には、喧嘩両成敗だったわけだ。

人間同士の喧嘩なら、そんなことは誰でもわかっている。

ところが、国と国の争いだとそうはいかない。

宗教と宗教が対立すると、さらに酷いことになる。

善と悪の戦いになってしまうからだ。

だけど、客観的に見れば、これはおかしい。

盗人にだって三分の理があるのだから、ひとつの国や宗教がいっていることの、何もかもが間違っているなんてことがあるわけがない。

そもそも、戦争は自国民の幸福を守るためにするものだろう。建前に過ぎないとしてもだ。

どんな国を相手にする場合だって、少なくともそこは認めてやらなきゃいけない。

理屈からいえば、どっちかが100パーセント悪だなんてことはありえない。

にもかかわらず、自分たちの考え方が100パーセント正しいと主張するから戦争が起きる。

そういう意味では、戦争は道徳と道徳の戦いだ。

自分たちの道徳を、相手に押しつけようとするから戦争になる。

日本の道徳には宗教の裏付けがないから弱いんだって前に書いたけれど、そう考えると、それは日本の強みでもある。

キリストの誕生日を祝って一週間もしないうちに、神社に初詣に行って手を合わせる。結婚式は教会なのに、葬式は坊さんに頼んでもなんの矛盾も感じない。日本人はなんでも曖昧《あいまい》にして、はっきり白黒をつけない。ノーといわない。そういう日本人の国民性は、どちらかというとネガティブな評価を受けていたけれど、今みたいな時代には、それが案外、合理的な態度なんじゃないか。

なぜ日本人はそんな風に曖昧なのかというと、日本にははっきりした四季があるからだって話を何かの本で読んで、なるほどなと腑に落ちたことがある。

春夏秋冬と生活が変わるから、心持ちが変わる、考え方も変わる。

たとえば冬は、けっこう寒い。厳しい季節に、アリとキリギリスの話をされればしっくりくる。真面目にコツコツ働いて、暖かい老後を迎えようという気になる。だけど、気持ちのいい春が来ると、あの決意はどこへやら。夏はまるで亜熱帯だ。なんくるないさじゃないけれど、なんとかなるの精神で、まあ疲れない程度に働こうか、となる。

考えがどんどん変わる。だから、日本人は思想を突き詰めることがない。だけど、突き詰める必要なんてないんじゃないか、本来は。

自然がなんとか生かしてくれるのだ。

周囲に感謝していれば、なんとか生きていける。

昔は飢饉とかもあって、今みたいに豊かではなかったけれど、それでも山には山の幸があり、海には海の幸があって、俺たちの祖先をなんとか養ってくれた。

自然は日本人にとっては、何よりも恵みを与えてくれるものだった。

そういう発想が、日本人の思想の根底にはある。だから日本には、八百万《やおよろず》の神々がいる。太陽も月も山も川も神だし、そこらへんの石ころにも神は宿っているかもしれない。だから、あらゆる神様に手を合わせる。外国から来た神様だって大歓迎だ。

一神教の世界では、なかなかそうはいかない。なにしろ神様は、唯一人なんだから。他の神様を認めたら、自分の神様を否定することになる。突き詰めればそういう話になる。

どっちがいいって話じゃない。欧米で自然科学が発達したのは、一神教のキリスト教があったからだって話もある。物事を突き詰めて考える姿勢が、科学を発達させたというわけだ。

だけど、こういう風に世界が狭くなってしまうと、突き詰めない方がいいんじゃないかとも思えてくる。

自分たちの思想や哲学を、他人に押しつけず、外からいろいろな新しい文化が入ってくれば、それに憧れて、すぐに真似して、クリスマスには教会に行って敬虔《けいけん》な気持ちになり、正月は神社に行って清々しい気持ちになり、葬式は仏教で無常を思う。日本人はそうやって宗教を混合して生きてきたわけだけれど、それで何かバチが当たったとか、不都合が起きたって話は聞かない。いろんな行事が増えて、楽しいだけのことだ。

あんまり入ってないのはイスラムだから、ラマダンもついでに真似したらどうだろう。断食して、世界の食糧危機について考えるのも悪くない。

それでいいんじゃないか。

いや、それがいいんじゃないの。

この世の中に、100パーセント正しい思想や宗教なんてあるわけがないんだから。

宗教をどんどん取り入れてしまう、日本人の知恵を、もっと世界に広めた方がいい。

世界平和のためだかなんだか知らないが、武器だの軍隊だのを輸出するより、そっちの方がよっぽど世界に感謝されるはずだ。

# 02

# 食い物が旨いだの不味いだのいうことを不道徳と感じるのは、ある年齢以上の人間にとっては当たり前のこと。

支配者が世の中の治安を保つために庶民に押しつける道徳、とは違う意味の道徳もある。

親が子に伝える道徳だ。

これは、悪いものではない。

時代遅れになることもあるけれど。

俺の母親はよく、「食べ物が美味しいとか不味いとかいうのは下品だ」といっていた。今日のカレーは旨いねとか不味いねとか、いうもんじゃないというのだ。

今の人には理解できないかもしれない。

妻がせっかく作った料理に対して、美味しいとも不味いともいわない夫が、酷くこき下ろされる時代だからそれも仕方がない。

母親が、そういうことをいったのは、ひとつには食糧難の時代が身に染みているからだ。

今日はカレーに豚肉を入れられた。たしかに豚肉がたっぷり入っているカレーは美味しいけれど、明日はその豚肉が入れられないかもしれない。

今日のカレーを旨いということは、明日のカレーを不味いとけなすことになる。豚肉が入っていようがいまいが、食い物があるってだけで幸せなんだから、旨いとか不味いとか講釈を垂れずに黙って食べなということだったんだろう。母親にとって、何かを旨いと喜ぶってことは、不味い食い物への感謝を忘れるってことと同じだった。

だから、何か喰って「旨い！」なんていうと、「そんな下品なことというもんじゃない」と叱られたのだ。

それが、母親の道徳だった。

もっともウチの母親だけじゃなくて、江戸時代の武士の家庭では、だいたいそういう躾をしていたという話を聞いたことがある。武士ってのは、要するに農家の寄《き》食者《しょくしゃ》、つまりは居候《いそうろう》だ。農家が作った米が武士の家計を支えていた。そういう立場をわきまえていれば、食い物が旨いだの不味いだのいうのは、食い物を作ってくれる農家に失礼だってことになる。

武士だけじゃなくて、それは日本人の共通認識だった。

なにしろ食い物が捨てるほどあるっていうのは、それこそここ何十年かの話で、それ以前の日本人はずっと、基本的にこの日本列島で収穫できるだけの食物でしのいできた。何年かごとに凶作があり、飢饉があった。飢饉のせいで死者が出たり、親が娘を売ったり、生まれてきた赤ん坊を殺したり、親を姥捨《うばすて》山に捨てたり、いろんなことがあった。

飢えて死んでいく人がいるのに、食い物が旨いだの不味いだのいうことを不道徳と感じるというか、抵抗を感じるというのは、ある年齢以上の人間にとっては当たり前のことなのだ。

今はそういう時代じゃない。

天候不順で不作になっても、食糧は外国からどんどん輸入できる。飢饉なんて言葉は、今の子どもたちは学校の教科書でしか見たことないだろう。

美味しいものを美味しいといって何が悪い、という意見もあるのはわかる。

いや俺にしても、ときどき何かを喰って、思わず「旨えなあ」といってしまうことはある。

誰かにどこかのレストランが旨いと聞いて、ちょっと予約して行ってみることだってある。

心底旨いと思うのは、メンチカツだのカレーだのオニギリだの、どちらかといえば、その昔お袋に作ってもらった食い物が多いけれど。

俺だって不味いもんと旨いもんがあったら、旨いもんを喰いたいと思う。

それは、人間の本能だろう。

本能を否定するつもりはない。ただ、本能なんてものは、本来はちょっと隠しておくぐらいがちょうどいいんじゃないか。

セックスだって本能だけど、やりたい気持ちをおおっぴらにする人間はあまりいない。

うんこしたいって、叫ぶ奴もいない。

それは、本能のままに行動する自分を、他人に見られるのがなんだか気恥ずかしいからだ。

その気恥ずかしさが、食い物に関してだけは、なぜかなくなってしまった。

そんなに遠い昔の話じゃない。

そうなった時期と、日本が外国からたくさん食い物を輸入して、スーパーだのデパートだのにいろんな食い物が山盛りにされ、ファミレスだのファストフードだのの外食産業が盛んになった時期は重なっているはずだ。

旨いと感じるのは人間の本能だろう。

だけど、その本能を商売に利用されているだけのことなんじゃないか。

時代は変わったかもしれない。だけど、それは日本の食糧事情が豊かになっただけの話だ。

地球全体で見れば、話は何も変わっていない。

どこか余所の星から、地球を望遠鏡で覗いている宇宙人がいたら、きっと俺の母親と同じことをいうに違いない。片方じゃ腹を空かせて死にかけている子どもがいるっていうのに、もう片方には美食だのなんだのといって気取って飯を喰ってる奴らがうじゃうじゃいる。「なんて下品なんだろう」って。

# 03

## 昔の人の性根が据わっていたのは、少なくとも今の俺たちよりは、自分の死について具体的に考えていたからだ。

「メメント・モリ」という警句がある。

ラテン語で、「死を忘れるな」という意味だそうだ。

忘れちゃいけないのは、他人の死じゃない。自分の死だ。

人は必ず死ぬ。こんなにたしかなことはない。

それをわざわざ忘れるなっていうのは、簡単に忘れてしまうからだろう。

ローマ時代の言葉だっていうけれど、今よりはるかに簡単に人が死んだ時代でも、こんな言葉があったくらいだから、人間はいかに簡単に自分が死ぬってことを忘れるかって話でもある。

現代人はさらに酷い。まるっきり忘れ果ててしまっているといってもいい。

医学が進歩し、平均寿命が延びて、死を目《ま》の当たりにする機会が激減したからだろう。

それは幸せなことではあるけれど、現代人が自分の生き方について、あまり真剣に考えなくなったのはそのせいじゃないかと思う。

概念の死と、現実の死はまったくの別物だ。

昔は死が、そこら中に転がっていた。道端に死体が放置されている時代もあったし、兄弟の何人かは幼いうちに死んでいた。行き倒れもよくあったし、病気や怪我で簡単に人は死んだ。飢饉や災害で、膨大な死者が出た。

死を目の当たりにすれば、誰もが自分の死について考える。

死を考えることは、生について考えることだ。

昔の人の性根が据わっていたのは、少なくとも今の俺たちよりは、自分の死についてよく考えていたからだろう。武士道が死ぬことだったのは、死を覚悟することが、しっかり生きることにつながると知っていたからでもあるんじゃないか。

現代人は、その正反対の生き方をしている。

平均寿命がいくら延びたって、人が死ぬことに変わりはない。人はいつか死ぬ。

それは今も昔も変わりがないはずなのに、そのことには目をつぶる。死は自然の摂理なのに、まるで人生の不条理か何かのように扱う。

誰かが殺されれば、ニュース番組は殺人の原因を克明に調べ上げ、なぜ殺されたのか、なぜ殺したのかを糾明《きゅうめい》せずにはいられない。こういう犯罪を防ぐには、どうすればいいかを口から泡を飛ばして話し合う。誰かが病気で死んだときも、同じパターンだ。どういう病気で死んだのか、どうすればその病気を予防できるかを熱心に説明する。だけどそれじゃ、死んだ奴は何かとんでもない間違いを犯したのだといっているように聞こえる。

犯罪防止や病気の予防なんていうのはただの言い訳で、死を視聴者には関係のない特別な現象だと説明して、安心させるのがほんとうの目的なんだろう。

まるで死を世の中から隔離しようとしているみたいだ。

そういうことを番組の製作者が意図してやっているとは思わない。

それが、今の風潮なのだろう。人が死ぬのは当たり前で、死体は、いってみれば自然の一部なのに、日本ではテレビ画面に死体を映すのはＮＧだ。さっきまで生きていた人も、死んだ瞬間にテレビには映せなくなる。死は人の目から隠される。お茶の間に、本物の死を持ち込んではいけないってことなんだろう。

そのくせドラマや映画では、殺したり殺されたりが日常茶飯事だ。殺し合いも、死体も、山ほど出てくるけれど、それはすべて偽物の、生きた役者が演じる死だ。それならどれだけ殺そうが問題はない。あれはフェイクで、あの死はすべて偽物で、撮影が終われば、死体は笑って起き上がるとわかっているからだ。

おかげで俺たちは、死ぬことを忘れて生きている。いつかは必ず死ぬのに、そのいつかは明日かもしれないのに、自分だけは永遠に生きられるようなつもりで脳天気に毎日を過ごしている。だけど、死から目をそむけることは、生から目をそむけることだ。それこそ「生きてる」実感なんて、どこからも生まれない。

現代人のモラルが低下したなんてよくいっているけれど、もしそれがほんとうなら、理由はそれだと俺は思う。

道徳を作るなら、まずは自分がいつか必ず死ぬってことについてよく考えてみることだ。

自分の死をしっかり腹におさめておけば、人生でそう大きく道を誤ることはないはずだ。

それだけは、引き籠もりのニートだってＩＴ長者だって、この世に生きているあらゆる人間にとって意味がある。誰もが結局は死ぬんだから。
メメント・モリは、道徳の土台なのだ。

# 04

# 老人には阿片窟を開放して、気持ち良く死んでいけるようにする。

この世にはたくさんの競争があるけれど、遅い方が勝ちという競争はひとつもない。

死が人生のゴールなら、早くそのゴールに辿り着いた奴が勝ちなんじゃないかという気もする。好きなことをやるだけやって、さっさと死んでしまう奴が、いちばん優秀なんじゃないか。

俺はいつまでも生き長らえたくないし、一所懸命働いて、仕事ができなくなったら、阿片窟《あへんくつ》か何かで夢でも見ながら死ぬのがいちばんいいと思っている。

そう思う年寄りはいっぱいいるんじゃないか。

年金を削られて、介護保険だなんだってまた金を取られて、喰うや喰わずで苦しみながら生きていかなきゃいけないなんて、いったい誰が決めたんだろう。なんで、そんなことを他人から強制されなきゃいけないのか。

死ぬ時期は、自分で決めていいんじゃないの。

国立の阿片窟かなんかを作って、年寄りはそこで死ぬまで自由に麻薬をどうぞってことにできないものか。人生の最後は、誰もが気持ち良くなって死ねるとなれば、みんな生きるのが楽になるんじゃないか。

いや、これはあくまでも、俺の妄想だけど……。

# 05 最高の性教育は、出産シーンを見せてやることだ。

公然わいせつ罪というのがある。

不特定多数の目に触れるような場所で、公然とわいせつな行為をする罪だ。社会の性的道徳秩序を維持するための法律なのだそうだ。

何をもってわいせつとするかについては、今までにいろんな裁判があったけれど、今現在でいえば、不特定多数に性器を見せるのがわいせつ行為ということになっている。

不特定多数っていうところがミソで、密室で男と女が性器を見せ合うのは、当たり前だけど公然わいせつ罪にはあたらない。

なぜ公然とそれをしてはいけないかというと、社会の性的道徳秩序を乱すからなんだそうだ。性器を見ると、人の性的道徳秩序が乱れちゃうということなんだろう。

だけどそれなら、銭湯や温泉はなぜ許されるのか。混浴というのもあるけれど、そういう場所で不特定多数の他人に性器を見せても公然わいせつ罪にはならないらしい。

銭湯でなら、人の性器を見ても、性的道徳秩序は乱れないということなのか。

なんだか、よくわからない。

というか、法律はあまりにも性器にこだわりすぎている気がする。

性器っていうけれど、そこはセックスをするためだけの道具ではない。

特に女性の性器は、そこから子どもが生まれてくる神聖な場所だ。その証拠に、日本のあちこちには、性器そのものを御神体にした神社がたくさんあって、ほとんどセックスそのものみたいな祭りは今もあちこちに残っている。

その祭りを見物して、人の性的道徳秩序が乱れたなんて話は聞かない。あっけらかんと見せてしまえば、誰もおかしな気分になんてならないのだ。いや、少子化が問題ならば、少しくらいおかしな気分になった方がいいかもわからない。

おかしな気分になるのは、むしろ性器を隠しすぎるからだろう。

隠すから、なんだかそこはとんでもなく不道徳な場所のようになっているわけだ。

思春期の男の子には、女のそこがどうなっているかで頭の中はいっぱいで、そのせいで勉強ができなくなっちゃっている奴もたくさんいる。

どうなっているか、ちゃんと見せてやった方が教育上もいいんじゃないか。

いや、冗談ではなくて、最高の性教育は出産シーンを見せてやることだと思う。妊婦が苦しみながら赤ん坊を出産する様子を見て、性的道徳秩序が乱れるなんていう奴がいたらどうかしている。

母親がこんなに苦しみながら自分を産んだんだってことがわかれば、親孝行しないなんてわざわざ教える必要はない。

そりゃいろいろな親子関係はあるだろうけれど、少なくとも自分を産んでくれたことだけは感謝するだろう。

親子関係がおかしくなっている理由のひとつは、そういう自然なことを子どもに隠しているからなんじゃないか。

なんだか知らないけれど、性器を目の敵にして、わいせつだから絶対に見ちゃいけないなんていっているから、みんな見たくて仕方がなくなる。そして、そのイメージや妄想は次第に捩《ねじ》れてあらぬ方向に変化していくのだ。

自分がそこからこの世に生まれてきた大切な場所だということをすっかり忘れて、

下手するとこの世でいちばんわいせつな場所だと思い込むようになる。
性的道徳秩序を乱しているのは、むしろ警察や裁判所なんじゃないの？

# 06

## 牛や豚がどうやって育てられ、殺され、肉になって、俺たちの「食事」になるのか、実際にその目で見て経験させる。

食い物っていうけれど、それは他の生きものの命だ。

豚や牛はもちろんだけど、魚だって、いや稲だって、菜っ葉だって、それは元はといえば生きていた。食い物は他の生きものの命そのものだ。どんなに科学が進歩しようが、それは変わらない。

人間は、他の生きものを殺して生きている。

そんなことは誰でも知っているというかもしれない。

けれど、その認識がほんとうにあれば、自分の目の前に置かれた食い物に対して、そんなに簡単に旨いとか不味いとかいえるものではない。

俺の母親が、食べ物の旨い不味いをいうのは下品だといったのは、そういう意味もあったんだろうと今は思っている。

昔の人は偉かった。だけどそれは、彼らが俺たちより優れていたからではなく、食い物が今よりもずっと貴重で、そして身近にあったからだろう。

鶏肉を喰うには、鶏を殺して、羽根をむしらなくてはいけない。

豚肉を喰うには、豚を殺して、解体しなくてはいけない。

そういう現場が、人々の身近にあった。

生きものを殺して、それを喰っているという実感をみんなが持っていた。

自分の手の中で、鶏の命が消えていくのを経験すれば、どんな人間だって、食べるということにもう少しは謙虚になるはずだ。

だけど今や肉や魚は、スーパーの棚に並んだモノでしかなくなってしまった。

そういう意味で、現代人は道徳的に堕落している。

いや、ずっと昔から人間は堕落していたのかもしれないけれど、その堕落に歯止めがかからなくなってしまった。自分たちの欲のままに、ほんの少しの便利のために、膨大な面積の森を切り開いたり、石油を掘り尽くしたりしているのはそのせいだと思う。

そういう大きな問題には目をつぶって、あいさつをしようとか礼儀正しくしようなんて、考えてみれば些末《さまつ》な問題を、道徳だなんていっているわけだ。

アフリカで飢餓に苦しんでいる子どもたちが、日本の道徳の教科書を見たら、きっとよく理解できないいんじゃないだろうか。それとも、平和な日本を羨ましく思うのだろうか。

さまざまな問題はあるけれど、日本で暮らす俺たちは、世界標準で見ればあり得ないくらい、平和で幸福な日々を生きている。

子どもたちに教えなければいけないのは、まずそういうことだと思う。

その幸福が、どういう犠牲の上に乗っているかをよく考えもせずに、道徳を語ってはいけない。

食事をする前に「いただきます」ということを教えるだけではなくて、その自分がいただくものがどういう風にして食卓に載ったのかを、すべて見せたらいい。

牛や豚がどうやって育てられ、殺され、肉になって、俺たちの「食事」になるのかを、話すだけではなくて、実際にその目で見て、経験させたらいい。

豚を飼って、そのことを子どもたちに教えようとした教師がいた。彼の考え方は、とてもまっとうだと思う。残酷だという批判がたくさんあったらしいが、それは違う。

豚を殺すことを残酷というなら、人は残酷なことをしなければ生きられないのだ。

そのことを隠して子どもを育てる方が、よほど残酷だと俺は思う。

ほんとうのことを知れば、子どもの心は動く。どう動くかは、子ども次第だ。

なぜそんなことをするのかと聞かれたら、自分なりの考えを伝えたらいい。泣く子もいるだろう。本を読む子どももいるだろう。動物を飼う子もいるかもしれない。

そして、子どもは考える。

その「考える習慣」をつけてやること以上の道徳教育はない、と俺は思う。

# 07

## これから先は、個人の道徳なんかより、人間全体の道徳の方が大切になる。

さて、そろそろ結論だ。

子どもの道徳教育でいちばん大切なのは、本音で話すことだと思う。

あいさつをちゃんとしろとか、ゴミを捨てるなとか、老人に親切にしろとかいうのは、道徳というよりは単なるマナーの問題だと思うけれど、どうしてもそういうことを教えたいっていうのなら、それが人間関係を円滑にする技術だってことを正直に教える。あいさつすると気持ちがいいだなんて、下手な理屈をつけない方がいい。

あいさつをしたら気持ちいいかどうかは、本人の問題だ。

何をどう感じるかってことに正解なんてない。人によって違うことを、むりやりこうなんだと決めつけることはない。決めつけた瞬間から、それは嘘になる。それは道徳の授業で、いちばんやってはいけないことだ。

ほんとうは、マナーなんてものは、授業で教えるよりも、子どもが何かをしでかしたときにその場で叱ったり、諭すとかして教えた方がいい。その方がよほど確実に伝わる。

街中で騒いでいる子どもがいたら、そこにいる大人が叱ってやればいい。

電車でくたびれた年寄りが立っているのに、知らん顔で座っている子どもがいたら、席を譲りなさいといってやればいい。

そういう意味では、むしろ、じいさんばあさんに道徳教育をするべきかもしれない。

年寄りには、行儀の悪い子どもや若者を叱る責任がある。どうやって叱ったらいいかを、老人学校か何かで教えるのだ。そこら中のじいさんばあさんが叱るのが当たり前になれば、子どもたちのマナーは良くなるはずだ。

だけど、さっきも書いたように、そういうマナーの問題よりももっと子どもたちに教えなくてはいけない大切なことがある。

ほんとうに必要な道徳教育は、子どもたちにできる限りの真実を教えてやることだ。人間の抱えている矛盾や問題をごまかさずに、だ。

人と人がどうつきあうかという問題も大事だろうけど、今の子どもにとっては、人間が自然や他の国とどうつきあっていくかということの方が、もっと差し迫った問題になるだろう。

環境破壊の問題も、要するに人間が「道徳」を忘れたから起きた。正しくいうなら、人間のマナー違反が地球全体の環境に影響を与えるくらい、人間が地上に満ちてしまっているということなんだろうけれど。

国と国がどうつきあうかってことも、これからは今までよりもずっと深刻な問題になっていくだろう。それは政治の問題で、子どもには関係ないなんてバカなことをいってはいけない。政治家や官僚まかせにして、いつか酷い目にあうのはその子どもたちなのだ。

老い先短い俺としては、正直いって、この先地球がどうなろうと、日本がどんな国になろうと、あんまり関係ない。自分が死ぬ頃までは、異常気象といったって、なんとか今くらいの感じでおさまってくれるんじゃないかとタカをくっている。戦争が始まっても、ジジイに赤紙は来ないだろうし……。

いや、たとえ明日大きな隕石が落ちてきて世界が終わりになるとしても、核戦争が始まったとしても、今までたっぷり面白可笑《おか》しく生きてきたわけだし、大きな花火見物をするくらいのつもりで、死んでいくのも悪くない。死んだらどうなるか、確かめるのも楽しみだ。

だけど、子どもたちは、そういうわけにはいかない。

世界規模の食糧危機が起きると予測する学者もいる。人間を作る材料は、無尽蔵にあるわけじゃない。地球上の有機物の量は決まっているから、一定以上人口は増えないという話を聞いたことがある。ということは、食糧が決定的に不足する未来が必ず来るということだ。最近は温暖化どころか、近い将来、氷河期になるという説もある。

本物の食糧危機がやってきたとき、それを人類の英知とやらで乗り越えられるか、それとも世界中で紛争だの戦争だのが起きて、世界がぐちゃぐちゃになってしまうのか。

今はその正念場にあるんじゃないか。

俺たちが残した荷物を背負うのは子どもだ。酷い目にあうのは、子どもの子どもくらいの世代かもしれないけれど、とにかくそろそろ準備をしておかないとダメだろう。

これから先は、個人の道徳なんかより、人間全体の「道徳」の方がずっと大切になる。

この先、人間はどうすればいいかを、子どもたちがしっかり考えられるように、なんでも本当のことを教えておくのが、大人の役割なのだ。

それこそが今という時代に必要な、ほんとうの道徳教育だと思う。

まあ、俺にはどうでもいいことだけど……。

# おわりに

「いいことをすると気持ちがいい」のはなぜか？

こういういい方をするときの「いいこと」は、基本的には自分以外の誰かのためになることを意味する。自分のためにすることを、「いいことをする」とはあまりいわない。

どうして誰かのために「いいこと」をすると気持ちがいいのか。

一言で、その答えを語るのは難しい。虚栄心だの功名心だの、いろいろと不純な動機もあるに違いない。

けれど無理に一言で答えるとするなら、結局のところ、そういうことも含めて、人が群れる動物だからだと俺は思う。

馬に猿に狼にゾウにペンギンに……群れを作って生活する動物はけっこう多い。イルカにクジラ、ハチやアリもそうだ。ヒトという生きものも、何万年も群れで生きてきた。

「いや、俺は群れになんか属した憶えはない。一人で生きている」

そういう奴もいるかもしれないけれど、それが見当違いであることはいうまでもない。

たとえば、引き籠もりにしても。引き籠もっていられるのは、水や食い物を社会から調達できるからだ。胎児がへその緒で母親とつながっているように、社会とつながっているわけだ。何年も部屋に引き籠もって、誰にも会わずに暮らしているとしても、やっぱり人間の群れに属していることに変わりはない。

アリが一匹では生きられないように、人も一人では生きられない。

そういう群れを作る生きものには、独特の行動パターンがある。

たとえば、猿の群れには肉食獣を発見すると仲間に警告を発する猿がいる。ゾウの群れでは、大人のゾウが一丸となって子ゾウを守る。群れる動物は、それぞれに群れの仲間のための行動様式を持っている。

人間だってそうだ。

俺たちが「いいこと」をすると気持ちがいい、本質的な理由はそこにある。

自己の損失を顧みずに、他者の利益のために行動することを利他的行動という。学者の間ではいろいろ議論もあるようだけれど、ひ弱なヒトという動物が、こんなに繁栄できたのは、利他的行動を発達させたからだ。

「いいこと」をすると気持ちがいいのは、群れで生きる人間の、いわば本能なのだと俺は思う。


……とはいえ、だ。

物事にはなんでも表と裏がある。

利他の反対語は利己で、人間はもちろん利他心だけでなく、利己心も持っている。割合でいうなら、利他心よりも利己心の割合の方が大きいのが普通の人間だろう。

みんなのためにといいながら、実際には利己心だけで行動している人もいるはずだ。

それに「いいこと」をしていれば、必ずしも世の中が良くなるというわけでもない。

誰かにとっての「いいこと」が、他の誰かには「悪いこと」だったりすることもある。

ある時代には「いいこと」だったのに、時代が変われば「悪いこと」になったりもする。

それは、この本の中で何遍も繰り返して語ってきたことだ。

どうしてそうなるかといえば、それは人間の群れがどんどん大きくなっているからだ。

他の動物では、そういうことは起きていない。何千年経っても、群れの大きさは同じだ。だから群れの仲間のためにするべきこと、つまり「いいこと」は何千年経っても変わらない。

人間の群れだけが、時代とともに巨大化している。グローバリズムというのは、要するに世界全体をひとつの人間の群れとみなすということだろう。

今やその視野は、人間以外の地上の生物すべてにまで広がっている。絶滅に瀕《ひん》した動物を守ろうなんてことを考えるのも、他の生物も含めて人間の「仲間」とみなそうという意識があるからに違いない。

視野が広がれば、モノの見え方は変わるわけで、だからこそ「いいこと」は時代とともに変わっていく。何年か後には、鮨屋でトロを握ってもらっただけで、極悪人と呼ばれるようになるかもしれないわけだ。それがいいかどうかは別にして。

「いいこと」は、簡単に「悪いこと」になる。

ということは「いいこと」の集大成みたいな「道徳」の内容だって、時代と一緒に変わっていかなきゃおかしいのだ。

ところが世の大人は、自分が子どもだった頃の、昔ながらの「道徳」を子どもに押しつけたがる。「いいこと」は永遠に不変だと信じているからだ。

そうやって大昔から、年寄りというものは、若者の行儀だの道徳観だのに難癖をつけ続けてきた。エジプトのピラミッドだか神殿だかに、象形文字で「今の若い者はなってない」という落書きがあるという話もあるくらいだ。

もしそれがほんとうなら、今頃は若者の行儀も道徳観も、とんでもないことになっていなくちゃいけないはずだ。だけど、実際にはそうなっていない。

世の中の変化とともに、人や世界とのつきあい方が少しずつ変わっているだけのことだ。

世の中は別に悪くなんかなっていない。子どもたちの道徳観念が乱れているわけでもない。

いやむしろ、より道徳的になっているといってもいいかもしれない。

その証拠に、日本の10代、20代の若者が起こす殺人事件の件数は1960年代半ばから年々減り続けている。殺人に限らず、性犯罪や窃盗もやはり60年代をピークに減っている。今の日本の若者は、めったに犯罪を犯さない、世界でも最高レベルの平和な人種だ。

殺人だって強盗だって、50代、60代の大人の方が、よほどたくさん犯している。今現在もそうだし、今50代、60代の人間が若かった頃と比較してもそうだ。どっちが道徳的に堕落しているかは、数字を見れば明らかだろう。

道徳教育を徹底しないと、子どもがおかしくなってしまうなんていうのは、年寄りの錯覚でしかない。

錯覚でしかないのだけれど、彼らはそれを「いいこと」だと思い込んでいる。

だから、それを子どもたちに教え込もうとする。

いいことをすると気持ちがいいから。

そんな年寄りの戯言《たわごと》に耳を貸す必要はない。

古くさい道徳を子どもに押しつけたって、世の中は良くなんかならない。そんなことより、自分の頭で考え、自分の心で判断できる子どもを育てる方が大切だろう。
そのためには、まず大人が自分の頭で考えることだ。
道徳を他人まかせにしちゃいけない。
それがいいたくて、この本を書いた。
あとは自分で考えてほしい。

# 解説

所ジョージ

ここに、この本の感想を、私ごときが書きだすことじたい、道徳からはずれたおこないだと思いますが、私の場合、笑顔だからしかたがない。「笑顔じゃ、しょうがないや」とあきらめましょう。

感想をまとめますと、「その通り」。

そして、読んでいて楽しくもなる。

この「楽しくなる」が一番だいじなところでありまして、楽しい表現のできる人は、道徳をちらちら感じながら、行動したり発言したりしているわけです。

やみくもに守らない人と、わかっていて守らない人とでは、カメとスッポンぐらい違うのです。

たいした違いに思えませんが、そこがウレシクなる、くすぐったい場所で。たとえば、赤信号は止まれ、で守りますが、子供が飛び出してしまったら、誰だって自分も飛び出して助けるでしょう。そんな時、赤信号を守っている人はバカしかいません。

遊泳禁止のところで、おぼれている人がいたら、泳いで助けます。遊泳禁止を守って泳がない人は、バカか寒がりです。

北野さん以外の方がこの本を書いて、文章や言い回しが違えば、違う感想になっていたでしょう。つまり、北野さんの魅力に、道徳なんざぁ、引っ張り回されるのです。世の中、聞き違いや、言った言わない、かん違い、色んなことがありますが、そこで、ころばぬ先のつえ的言いわけを表示したり、「その限りではない」などと、都合合戦大作戦。

道徳とは、今を見きわめる力とみたり!!

……と、終わってしまいそうな言い方でしたが、この本の編集者が、もっと書きなさいと、欲を出すので……続けます。

この欲こそ、道徳上、だいぶいかがなものかと思います。

ここまで書いたら、私が、本を書いている気分です。

学校が面白くない、会社が面白くない、たいへんな事ばっかりだ、とみなさんなげいていますが、その通り、学校も、会社も、面白くない、で正解です。だから正解を言って泣くなヨ。

その、つまんないことの毎日に何か見えてくるわけで、それもしないで、絵に描いたモチのような夢見てんじゃありません。

このたび、この本の感想ということで、あらためて道徳を考えてみましたが、ルールのすみをつつくような、「あっ、守ってない‼」とか、これだけ努力したのに、むくわれない、など、何を求めて、何を期待しているのか……のりしろや、ふきでた汗に、ほのぼのとしてほしいものです。

道徳‼　そののりしろを、一回はがして見てみよう。

北野さん、勉強になりました。

――タレント

この作品は二〇一五年九月小社より刊行されたものです。

# 新《あたら》しい道《どう》徳《とく》

「いいことをすると気《き》持《も》ちがいい」のはなぜか

北《きた》野《の》武《たけし》

平成30年1月25日　初版発行

発行人――石原正康
編集人――袖山満一子
発行所――株式会社幻冬舎
〒151-0051東京都渋谷区千駄ヶ谷4-9-7
電話　03(5411)6222(営業)
03(5411)6211(編集)
振替00120-8-767643
印刷・製本―中央精版印刷株式会社
装丁者――高橋雅之



幻冬舎文庫

ISBN978-4-344-42693-1　C0195　ひ-2-5

幻冬舎ホームページアドレス　http://www.gentosha.co.jp/
この本に関するご意見・ご感想をメールでお寄せいただく場合は、
comment@gentosha.co.jpまで。